"简"述中国 朱建军 ◎ 总主编

大河右西
——简牍中的河西历史地理

甘肃简牍博物馆 ◎ 编

苏 阳 ◎ 著

西南交通大学出版社
·成 都·

图书在版编目（CIP）数据

大河向西：简牍中的河西历史地理 / 甘肃简牍博物馆编；朱建军总主编；苏阳著. -- 成都：西南交通大学出版社，2025.6. -- ISBN 978-7-5774-0477-6

Ⅰ.K928.634

中国国家版本馆 CIP 数据核字第 20250U70E5 号

"简"述中国　　朱建军　总主编

Dahe Xiang Xi——Jiandu zhong de Hexi Lishi Dili
大河向西——简牍中的河西历史地理

甘肃简牍博物馆　编
苏　阳　著

策 划 编 辑	阳　晓　黄庆斌　李　欣
责 任 编 辑	李奕青　邱一平
责 任 校 对	左凌涛
封 面 设 计	曹天擎
出 版 发 行	西南交通大学出版社 （四川省成都市金牛区二环路北一段 111 号 西南交通大学创新大厦 21 楼）
邮 政 编 码	610031
营销部电话	028-87600564　028-87600533
网　　　址	https://www.xnjdcbs.com
印　　　刷	四川玖艺呈现印刷有限公司
成 品 尺 寸	165 mm×230 mm
印　　　张	10
字　　　数	134 千
版　　　次	2025 年 6 月第 1 版
印　　　次	2025 年 6 月第 1 次
定　　　价	60.00 元
书　　　号	ISBN 978-7-5774-0477-6

图书如有印装质量问题　本社负责退换
版权所有　盗版必究　举报电话：028-87600562

总　序
"简"述中国

　　简牍是纸张发明前中国古人最重要的文字书写载体。中国古人将竹木削成薄片，研墨笔书，如《尚书·多士》载"惟殷先人，有册有典"，可见早在商朝时期，古人除了以甲骨契刻文字外，还将竹木简牍编联成册，记载国家政令典章。《墨子·兼爱》载"书于竹帛，镂于金石，琢于盘盂，传遗后世子孙者知之"，说的就是古人通过书写竹木简牍，刻琢金石盘盂，把他们那个时代的思想文化保存下来，留传后世。

　　在中国古代先后有两次比较重要的简牍发现，一是西汉时的孔壁中书，二是西晋时的汲冢竹书，人们将其称为"孔壁汲冢"。这两次出土以先秦时的典籍为主，这些古文典籍的发现对中国古代学术史产生过重大影响。据不完全统计，自20世纪初迄今，在百余年的时间里全国各地历年历次出土的简牍约30万枚，包括楚简、秦简、汉简、三国吴简、晋简等，其时代涵盖了先秦战国至汉晋。简牍记载的内容从大的方面而言，主要包括文书和典籍两大类。文书类包括各种体裁和形制的官私文书，属于实用文体；典籍类则包括各种思想文化的作品，属于艺文典籍。这一时期是中国古代思想文化、政治制度形成时期，同时也是社会经济、民族交融等发展的重要时期，因这些政令文书和艺文典籍文献主要记载于竹木简牍之上，故我们称这一时期为"简牍时代"。

　　甘肃是近世以来最早发现汉简的地区，自1907年英籍匈牙利人探险家斯坦因（A.Stein）第二次中亚探险期间在敦煌汉长城烽燧遗址掘获700多枚汉简（不包括2000多件残片）以来，至1990—1992年敦煌悬泉汉简的发现，历年历次在汉代敦煌、张掖和酒泉郡的长城烽燧遗址和悬泉置遗址出土了数万枚简牍，这其中汉简占绝大部分。甘肃简牍博物馆收藏有近4万枚秦汉魏晋简牍，本丛书中统称为"甘肃简牍"或"甘肃汉简"。

与南方墓葬出土的以先秦典籍为主的简牍不同，甘肃汉简内容丰富，以日常书写的方式，多角度体现了汉塞边关吏卒们的政令文书、屯戍生活、书信往来、天文历法、农事生产、交通保障等。这些不曾为史书记载的历史细节，真实地重现了汉代河西边塞的社会生活和民风民俗，丰富了古丝绸之路的物质文化和精神文化。

甘肃简牍博物馆是以简牍为主要藏品的专题博物馆，这要求馆里的每一位员工都要熟悉馆藏的近4万枚简牍，以便更好从事各自岗位上的工作。讲好简牍故事，让文物活起来，是我们义不容辞的责任和使命。数万枚甘肃简牍是不可多得的出土文献，它的历史价值和文献价值自不待言，在学者们整理研究的基础上讲述简牍故事，弘扬简牍文化，是甘肃简牍博物馆在新时期的重要课题，也是甘肃简牍博物馆所应承担的使命和工作。讲好简牍故事，传播中国声音，"'简'述中国"丛书就是我们的一个尝试和努力。

甘肃简牍博物馆　朱建军

前 言

  在河西走廊的壮丽画卷中，疏勒河宛如一条灵动的银色绸带，自巍峨的祁连雪峰悠然垂下，穿越崇山峻岭，向西缓缓铺展开来。在漫长的历史岁月中，疏勒河以其充沛的水量滋养了沿岸的土地和人民，使得这片原本干旱荒凉的戈壁焕发了生机。而敦煌这颗镶嵌在丝绸之路上的璀璨明珠，其辉煌灿烂的历史与深厚的文化底蕴，与疏勒河的滋养密不可分。这条母亲河不仅是敦煌的生命之源，也作为中外文化交融与传承的纽带，使敦煌形成了丰厚的文化积淀。

  敦煌自古以来便是丝绸之路的"咽喉"，是东西方文明交流互鉴的重要枢纽。从1907年斯坦因第二次中亚探险，在敦煌西北的汉代烽燧遗址中获得708枚汉晋简牍，到1990年10月—1992年12月甘肃省文物考古研究所在敦煌悬泉置遗址发掘出土约33 399枚简牍（包括残断者），敦煌先后出土了九批汉晋时期简牍。这些散落的简牍如同一部部尘封的历史典籍，静静地诉说着过往的辉煌与沧桑。本书正是基于这些珍贵的简牍资料，深入挖掘并系统整理了汉代河西地区的历史文化、地理风貌、军事防御、交通网络、民族关系以及社会生活等多方面的信息，为读者勾勒出一幅幅生动而具体的河西历史画卷。

  河西走廊，东起乌鞘岭，西至玉门关，南依祁连山，北靠巴丹吉林沙漠和腾格里沙漠，是中国古代丝绸之路的重要通道。汉武帝时期，为了经营西域、防御匈奴，汉朝先后设立了武威、张掖、酒泉、敦煌四郡，这一举措不仅极大地拓展了汉朝的疆域，更为后来丝绸之路的开辟和中外文化交流奠定了坚实的基础。本书的第一章便讲述了河西四郡的建置背景、地理位置及其在历史长河中的重要作用，通过甘肃出土简牍中的信息，略窥那个时代的风云变幻。

除了政区建置外，河西地区的关隘要塞也是本书关注的重点之一。玉门关、阳关、肩水金关、悬索关这些耳熟能详的名字背后，是无数将士的英勇守卫和商旅的匆匆脚步。它们不仅是军事防御的重要节点，还是丝绸之路贸易和文化交流的关键通道。第二章通过简牍中的文字记载，生动再现这些关隘的历史原貌和战略地位。

交通网络是连接历史与现实的桥梁。第三章聚焦于汉代长安至河西走廊以及敦煌与西域间的交通邮驿路线，出土简牍的相关记录，展示了古代交通网络的发达程度和邮驿制度的严密组织，让我们能够穿越时空，感受到古代丝绸之路上的繁华与喧嚣。

民族关系与对外交往是河西地区历史的重要组成部分。第四章深入分析了汉代河西羌人的归义与管理、汉朝与匈奴在河西走廊的冲突与斗争等历史事件，展现了古代中国在处理民族关系和对外交往方面的智慧与策略。

水利建设是农业社会的命脉。第五章聚焦于汉代河西地区的水利建设与管理，揭示了古代中国在水利工程方面的卓越成就及其对当地社会生活的深远影响。同时，本章还探讨了河西水利建设与西域经略之间的内在联系，为我们理解古代中国的边疆治理和丝绸之路贸易提供了新的视角。

最后，第六章以"两千年前的地图实物——天水放马滩木板地图"作为结尾，通过这些珍贵的地图实物，我们得以一窥古代中国人对地理空间的认知能力和精湛的制图技术。同时，放马滩木板地图是我们理解古代中国地理观念和历史发展脉络的重要实物资料，具有极高的历史价值和文化价值。

岁月流转，疏勒河依旧静静地流淌在河西走廊的大地上，见证着时代的变迁与历史的沧桑。简牍，这些古老的文字碎片，如同散落在历史长河中的璀璨星辰，虽历经风霜，却依旧闪耀着不灭的光芒。简牍上斑驳的字迹，一笔一画无不透露着古人对世界的深刻理解与独特情感。它静默而坚定地将河西走廊的辉煌与沧桑、英雄与梦想、和平与征战、家国理想与个人情怀一一呈现于世人面前。

目　录

第一章　河西四郡

002　第一节　汉武帝时期河西四郡的建置
007　第二节　武威郡（上）
012　第三节　武威郡（下）
015　第四节　张掖郡（上）
021　第五节　张掖郡（下）
027　第六节　酒泉郡
032　第七节　敦煌郡（上）
038　第八节　敦煌郡（下）

第二章　河西关隘

044　第一节　玉门关
050　第二节　阳关
055　第三节　肩水金关
064　第四节　居延悬索关

第三章　汉代西北交通网络

076　第一节　汉代长安至河西走廊的交通邮驿路线
086　第二节　汉代敦煌与西域间的交通路线

第四章　汉代河西民族关系与对外交往

094　　第一节　汉代河西羌人的归义与管理
104　　第二节　汉与匈奴在河西走廊的冲突与斗争

第五章　汉代河西水利建设与社会生活

114　　第一节　汉代河西水利建设与管理
120　　第二节　汉代河西水利建设与西域经略
125　　第三节　汉代河西水利建设与社会生活

第六章　天水放马滩木板地图

143　　图片来源

147　　参考文献

第一章 河西四郡

第一节　汉武帝时期河西四郡的建置

文物简介

木简一枚（简号Ⅰ91DXT0309③:135AB），1991年出土于悬泉置遗址。该简左右均有残缺，长23.2厘米，宽1.3厘米，厚0.2厘米，松木材质。正面为双行书写，反面单行书写。此简当属传信简，是秦汉时期朝廷公务人员在出使、巡行及办理有关公务时要求所到各地给予通行、过关、乘车、食宿等各种方便和特权的公文凭信。简文中出现的"武威、张掖、酒泉、敦煌"即著名的河西四郡。该简现藏甘肃简牍博物馆。

简牍释文

陇西、天水、金城、武威、张掖、酒泉、敦煌、□□、东海、琅邪、东来、勃海、济南、涿、常山、辽西、上谷郡。为驾一封轺传。有请诏。外百卅五。御史大夫望之下渭成，以次为驾，当舍传舍，如律令。

图1-1　悬泉汉简传信简

简文大意

根据简文内容来看，可分为三部分理解：

第一部分，简文正面醒目地记载了这封传信在传递过程中需要经过陇西、天水、金城、武威、张掖、酒泉、敦煌、□□、东海（原文释作"北海"，此处据曾磊校补后订正）、琅琊、东莱、勃海、济南、涿、常山、辽西和上谷，共计十七个郡。其中"陇西、天水、金城、武威、张掖、酒泉、敦煌"七郡属凉州刺史部，"东海、琅琊"二郡属徐州刺史部，"东莱、济南"二郡属青州刺史部，"勃海、涿、辽西、上谷"四郡属幽州刺史部，"常山"郡属冀州刺史部。传信所记载郡名的地域分布，主要集中在西北边塞和东部沿海地区，均属汉帝国需要重点把控的区域。

第二部分，作为传信简，简文中明确规定了沿途提供传车的规格"为驾一封轺传"，何谓？《汉书·平帝纪》载："在所为驾一封轺传。"如淳注曰："律，诸当乘传及发驾置传者，皆持尺五寸木传信，封以御史大夫印章。其乘传参封之。参，三也。有期会累封两端，端各两封，凡四封也。乘置驰传五封之，两端各二，中央一也。轺传两马再封之，一马一封也。"由此可见"一封轺传"，即驾一匹马的轺车。

第三部分，"外百卌五"是该传信的编号，也就是第一百四十五号；御史大夫望之是该信件的签发人，同时传信中要求自渭城后，按照简文中书写的郡名顺序依次传递，并为持传人提供相应的传舍条件。

阅牍延伸

张国臂掖——汉武帝时期河西四郡的建置

在浩瀚的历史长河中，甘肃作为丝绸之路的重要节点，承载着东西方文化交流的丰富遗产。其中，河西四郡——武威、张掖、酒泉、敦煌，不仅是汉唐时期通往西域的重要通道，更是中华民族历史与文化的重要见证。甘肃简牍，这一跨越千年的历史文献，为我们揭开了河西四郡神秘而辉煌的面纱，让我们得以窥见那段历史的真实面貌与文化内涵。

河西走廊因其独特的地理位置和优越的自然环境，自古以来便是众多民族栖息生活的地区。秦汉之际，这里主要分布着羌、月氏、乌孙和匈奴等游牧民族。汉高祖初年，匈奴在冒顿单于的带领下，不断向外扩展，《史记·匈奴列传》记载："（冒顿）大破灭东胡王，而虏其民人及畜产。既归，西击走月氏，南并楼烦、白羊河南王。"此时的匈奴控弦之士三十余万，跃然成为北方草原一股不可忽视的力量。到了汉文帝时期，匈奴"老上单于杀月氏王，以其头为饮器，月氏乃远去，过大宛，西击大夏而臣之"，匈奴彻底占据河西走廊。

与此同时，匈奴还屡次在汉地边郡地区破坏庄稼，掠夺百姓和牲畜，给汉王朝的统治造成严重威胁。面对匈奴的侵扰，汉廷由于秦末混战造成的民生凋敝、府库空虚等问题，无力抵抗。特别是自汉高祖"白登之围"后，西汉便采取"和亲"和"岁奉絮缯"的消极防御政策。

直至汉武帝即位，国家经过多年休养生息，农业生产和社会经济都呈现出繁荣富庶的景象，加之汉武帝急欲改变汉匈之间"足反居上，首顾居下"的倒悬之势，开始积极谋划筹备，试图彻底消除匈奴带来的隐患。

汉武帝一方面两次派遣张骞出使西域，希冀"厚赂乌孙，招以东居故地"共同抗匈，以断匈奴右臂。另一方面，武帝又派遣卫青、霍去病二人，前后多次与匈奴在河西走廊和"河南地"展开争夺。特别是元狩二年（前121年）夏天，骠骑将军霍去病与合骑侯公孙敖分别从北地和陇西出发，南北合围匈奴左贤王部众取得了巨大成功。据《史记·匈奴列传》记载，此次征伐"得胡首虏三万余人，裨小王以下七十余人"，对匈奴造成了致命打击。随后，匈奴内部发生叛乱，匈奴浑邪王杀休屠王后归降于汉。至此，河西走廊完全为西汉政府掌控。

在得到河西走廊后，汉武帝为更有效地打击匈奴、经营西域、断绝羌匈之间的联系，在河西地区建筑塞障亭隧、移民屯田，同时陆续建立了郡县各级行政管理机构，正式将河西走廊纳入王朝疆域范围之内。《汉书·西域传》载："其后骠骑将军击破匈奴右地，降浑邪、休屠王，遂空其地，始筑令居以西，初置酒泉郡，后稍发徙民充实之，分置武威、张掖、敦煌，列四郡，据两关焉。"至此，河西四郡正式设立。四郡的地理位置从南向北、由东向西依次为武威、张掖、酒泉、敦煌。

关于河西四郡设置的具体时间和顺序，史家因《史记》《汉书》相关纪、传记载混乱而致抵牾，至今尚未有定论。前贤如张维华、施之勉、劳榦、陈梦家、周振鹤、王宗维、李并成、吴礽骧等均有系统深入的讨论，大体认为是在汉武帝元鼎六年（前111年）至汉宣帝地节年间（前69—前66年）完成四郡设置和部署的，此处不再赘述。

此外，河西四郡的命名也都有其深刻内涵。如武威，有武功军威之意，以彰显汉帝国的武功和军威远达河西。张掖，即断匈奴之右臂，张汉朝之臂掖。酒泉，则扼守河西走廊西北要冲，因城下有泉，泉水若酒，而名之。敦煌，即盛大辉煌之意，东汉应邵在《汉书·地理志》中解释道："敦，大也。煌，盛也。"唐代李吉甫《元和郡县图志》进一步发扬为："敦，大也。以其广开西域，故以盛名。"

图 1-2　汉代河西四郡示意图

纵观两千多年的历史进程，河西四郡的设置颇具前瞻性和战略价值。首先，四郡的设立从地理上隔绝了羌胡的联系，是抵御北方游牧民族侵扰的重要屏障。西汉在河西走廊设置郡县的同时，又辅以修筑长城和列置亭障、烽燧等军事设施，从而形成了一套完备的军政管理体系，使汉朝在河西的统治更加稳固，并由此确立了两汉乃至历代中央政权对河西地区行政区划管理的基本格局。

其次，河西四郡的设置促进了中华民族"多元一体"格局的形成。河西走廊本就是多民族分布地区，秦汉之际氐、羌、月氏、匈奴都曾在这里生活。设置郡县和移民实边带来的大规模屯戍活动，使汉地的政治制度和生产生活方式迅速传入河西，加强了汉民族与匈奴、氐、羌、月氏等游牧民族间的交往和联系，促进了各族间的交流与融合。

最后，西汉对河西四郡的经营，促进了中原王朝与西域各国的往来交流，河西走廊也成为丝路交通和中西文化交流的咽喉孔道。河西四郡设立之初便是为了打通与西域的联系，实现断匈奴右臂的策略。武帝时张骞两次"凿空"西域，使得中西交流孔道得以开通，翻开了中西之间政治、经济、文化往来和交流的历史新篇章，同时也造就了河西走廊丝路交通锁钥的地理格局。

第二节 武威郡（上）

文物简介

木简一枚（简号Ⅱ90DXT0112③：157ABC），1990年出土于悬泉置遗址。该简上、下端均有残缺。长32.9厘米，宽0.9厘米，厚1.1厘米，红柳材质。此简为三棱觚，三面均单行书写。简文内容主要记载了敦煌太守上书请求朝廷从天水郡挑选八十匹传马，以供敦煌郡下辖各传置所需。该简藏甘肃简牍博物馆。

简牍释文

以请诏：择天水郡传马付敦煌郡。移金城、武威、张掖、酒泉、敦煌二封。诏书择天水郡置传马八十匹付敦煌郡置。县次传牵马卒☐

得如律令。/七月丙子，敦煌大守步、长史奉憙、丞破胡谓县泉：移檄到毋令使☐

遮要、县泉置：写移檄到，毋令使檄到不辨如律令

图 1-3 悬泉汉简三棱觚

简文大意

此简为三棱觚，简文A面以诏书的形式记载了敦煌太守步上书请求朝廷从天水郡挑选八十匹传马给付敦煌郡；简文B面则详细记载了敦煌郡签发此公文的具体时间和文书的签发人敦煌郡太守步、敦煌郡长史奉憙以及敦煌郡丞破胡；简文C面是效谷县下发给所属的遮要置和悬泉置文书的抄录。

两汉时期，敦煌作为边郡要地，其与朝廷和其他地方的沟通交流均依靠传马进行，因此各驿置对马匹的需求是很大的。但简文中敦煌太守为什么请求朝廷从天水郡选调马匹呢？根据东汉卫宏《汉旧仪补遗》的记载，汉时有"太仆牧师诸苑三十六所，分布北边、西边，以郎为苑监，官奴婢三万人，分养马三十万头"。清人钱大昕在《汉书辨疑》中进一步指出："汉制，边郡牧师苑官有六郡，谓陇西、天水、安定、北地、上郡、西河也。"由此可见，两汉时朝廷曾在全国范围内设置了三十六个牧苑并分布于六个边郡地区，其中凉州境内就有陇西、天水、安定三郡。此条简文的内容正好佐证了史籍中有关汉代天水郡牧养马匹的记载，具有重要的史料价值。

阅牍延伸

千里塞防——西汉时期的武威郡

武威，位于河西走廊东端，古称凉州，自汉武帝设立河西四郡以来，一直是河西地区的战略重镇和扼守丝路的咽喉要地。这里曾出土有数量众多、内容丰富的汉代简牍，这些汉简见证了武威在古代丝绸之路上文化交流交融的盛况，是中国简牍文化中一颗璀璨的明珠。

秦汉之际，匈奴作为北方一股强大的军事力量，长期占据着这片富饶的土地。《汉书·地理志》载："自武威以西，本匈奴昆邪王、休屠王地。"

随着西汉武帝时"断匈奴右臂"策略的实施和元狩二年（前121年）骠骑将军霍去病在河西走廊对匈奴的激战中获得决定性胜利，河西走廊被正式纳入中原王朝的版图。随后，西汉在新开辟的河西走廊设置了武威、张掖、酒泉、敦煌四郡。其中，武威郡领有姑臧、张掖、武威、休屠、揟次、鸾鸟、扑𡚍、媪围、苍松、宣威十县。

图1-4　武威南城门

与此同时，为持续有效地控制河西地区，汉武帝开始陆续对河西地区施行移民实边、输粟塞下的策略。根据史料记载，从武帝元狩三年（前120年）至元鼎六年（前111年）十年间，汉廷在河西地区大规模移民主要有四次：

第一次是元狩三年（前120年），将山东（崤山以东）70万灾民向西北边地（包括河西地区）迁移。第二次是元狩四年（前119年），始筑令居（今永登境）要塞，并"初置酒泉郡，后稍发徙民充实之"。第三次是元狩五年（前118年）"徙天下奸猾吏民于边"，将全国各地为非作歹、奸险狡猾的官吏和平民迁徙到边郡地区。河西走廊作为当时新开发的边境地区之一，自然也是这次的重要移民地。第四次是在元鼎六年（前111年），因张骞第二次出使乌孙招引其东返故地的目的未能实现，汉廷再次向河西进行了大规模移民实边。史载："遣浮沮将军公孙贺出九原，匈河将军赵破奴出令居，皆二千余里，不见虏而还。乃分武威、酒泉地置张掖、敦煌郡，徙民以实之。"移民实边政策不仅充实了河西地区赖以发展的人口资源，还为河西社会繁荣发展和丝路畅通奠定了基础。

在"断匈奴右臂"策略逐步实施的过程中，为彻底解除匈奴潜在的隐患，汉武帝开始在北方边地屯兵实边并修筑长城、亭障等防御设施。据吴礽骧先生考证，河西汉塞的兴筑从元鼎六年（前111年）到宣帝地节三年（前67年）前后有五次之多，分别是：元鼎六年（前111年），由令居筑塞至酒泉；元封四年（前107年），由酒泉筑塞至玉门关；太初三年（前102年），由张掖筑塞至居延泽和由休屠筑塞至休屠泽；天汉初年（前100—前99年），由敦煌西筑亭燧至盐泽；宣帝地节三年（前67年），由媪围筑塞至揟次。

武威郡境内的汉塞走向主要分为两部分：一部分以西北—东南走向分布，是大致沿祁连山脉一线的令居至酒泉的塞防体系；另一部分以西南—东北走向分布，是沿石羊河流域从休屠县至休屠泽的塞防体系。纵向即由汉令居塞出发，沿庄浪河（汉乌亭逆水）东岸北上，经永登县城东、中堡东，于富强堡附近越庄浪河，沿庄浪河西岸，入天祝藏族自治县境，越乌鞘岭，入古浪县境，沿古浪河（汉松陕水）东岸，先向东北，后折向西北，入武威市后沿祁连山脉西北转入永昌县境内。横向即由武威市境内出发，沿洪水河西岸继续西北，经长城乡红水、西湖、前营、大湾、岸门，与明长城重合后，沿石羊河向东进入民勤县界，直至最终抵达休屠泽。

图 1-5　民勤井泉河墩烽火台

河西汉塞作为一套完整的防御体系，除借助堑壕、天田、土垄、塞墙、山川险阻外，还筑有一系列亭障、坞城、烽燧、关口与之配合，并设置都尉、候官、候长、燧长、关啬夫等各级官吏及其掾属对边郡地区进行严格管理。根据《汉书·地理志》的记载，西汉时武威郡内有武威都尉和北部都尉，武威都尉治所在熊水障，北部都尉治所在休屠城。居延汉简对比也有记录：

八月庚寅，武威北部都尉□史安行塞敢言之：大守府□障移候所观□□□□披武威☑

这枚觚出土于居延破城子遗址（A8），是西汉甲渠候官的驻地所在，简文记载了武威郡北部都尉上书太守府请求某事。李并成先生考证提出，北部都尉治休屠城，即今武威市四坝乡三岔古城；武威都尉所在的熊水障，可能是在今熊爪湖北部的一座古代城址。西汉时，武威都尉和北部都尉都属于姑臧城以北的防御体系，主要守卫着姑臧城的安全，同时又与武威郡北部的居延都尉保持着密切联络，以更好地应对匈奴的威胁。

第三节　武威郡（下）

文物简介

木牍一枚（简号EPT59∶582），1974年出土于甲渠候官遗址。左侧有残缺。长22.7厘米，宽2.2厘米，厚0.2厘米，松木材质。此牍文字可分四栏，每栏四行，主要记载了由长安向西至张掖郡氏池县沿途所经的县置名称和里程数据。现藏甘肃简牍博物馆。

简牍释文

第一栏：长安至茂陵七十里。茂陵至茯置卅五里。茯置至好止七十五里。好止至义置七十五里。

第二栏：月氏至乌氏五十里。乌氏至泾阳五十里。泾阳至平林置六十里。平林置至高平八十里。高平至□□□□里。

第三栏：媪围至居延置九十里。居延置至觻里九十里。觻里至揟次九十里。揟次至小张掖六十里。

第四栏：删丹至日勒八十七里。

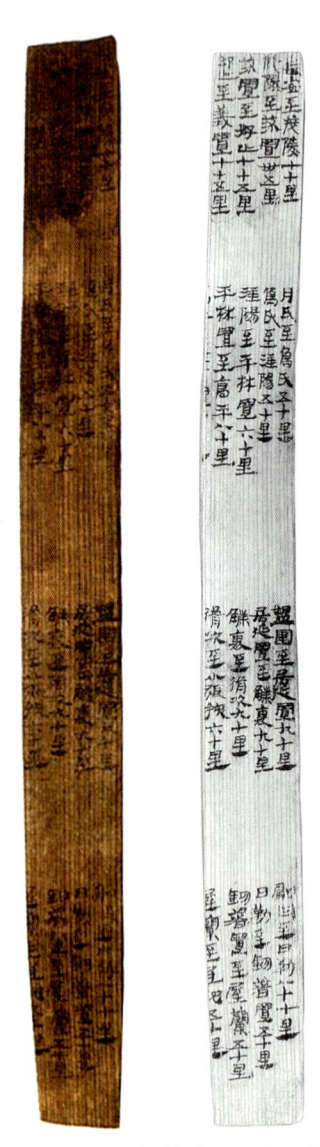

图1-6　居延新简《驿置道里簿》

日勒至钧耆置五十里。钧耆置至屋兰五十里。屋兰至氐池五十里。

简文大意

此简名为居延新简《驿置道里簿》，主要记载了从长安经高平、媪围、删丹、屋兰，最终到达张掖郡氐池县的里程。无独有偶，1990年敦煌悬泉置遗址中同样出土了一枚记载从武威郡仓松县到酒泉郡渊泉县的木牍，学界称之为《悬泉里程简》（简号Ⅱ90DXT0214①：130），二者衔接后清晰地勾勒出一条从长安到敦煌的路线图，是研究和复原丝绸之路东段交通路线的重要资料。

阅牍延伸

丝路咽喉——西汉时期的武威郡

武威郡作为汉代凉州刺史部的治所，与西汉都城长安和凉州境内其他郡县的往来交流十分频繁。根据目前发掘出土的居延新简《驿置道里簿》与悬泉汉简《里程简》的记载，我们可以清晰了解到西汉时期由长安至武威姑臧的基本路线和沿途所需经过县置驿传的基本情况。

西汉时从都城长安到凉州武威的道路主要有南北两条：一是由长安经安定郡（治高平）至姑臧的北道，二是由长安经天水（治平襄）至姑臧的南道。其中，北道又被称为"高平道"，南道又被称为"陇关道"。李并成先生结合史料、出土汉简与考古发现二重证据，对汉代丝绸之路东段的交通有详细论证。他认为北道由长安径取西北方向，大体溯泾河河谷而上，经媪围县、居延置、鰈里、揩次县、小张掖等地后，抵达汉武威郡治姑臧。此道全程长约720千米，约合汉里1730里。南道则由长安沿渭河西行，在宝鸡（虢县）附近溯汧水（古称汧水）西北行，越陇关（又名故关、大震关，今陕西陇县西北），复沿渭河西行，经天水（上邽）、陇西（襄武）、临洮（狄道，汉陇西郡治），折而向北，翻过七道梁至兰州（金城），再由兰州渡过黄河北行，越乌鞘岭至武威。

从史料的记载来看，北道开辟时间较早，当自河西郡县设立伊始便开始通行。北道线路较为顺直，由长安前往姑臧距离最近。但该道沿途自然条件较差，地理景观较荒凉，人烟较稀少，且位置偏北，距匈奴原游牧地较近，道路安全状况恐难尽如人意。南道的开辟利用时间较晚，应在汉昭帝开置金城郡以后出现。南道大多路段沿渭河谷地行进，沿途人烟较稠密，所经城镇较多，安全性比北道更好。但缺点是路途较北道更遥远，取南道由长安至武威长达880千米，合汉里2 116里，较北道远出160千米，合汉里385里，至少要多出4天的路程，还需翻越陇关和乌鞘岭，道路也比较艰辛。总之，无论是高平道还是陇关道，这些道路的开辟无疑都是两汉时期河西地区与关中地区之间交通往来的重要通道，更是丝绸之路无法分割的一部分，在历史的长河中具有不可替代的价值。

汉唐时期武威郡长期作为凉州治所，在历史的发展中逐渐形成了独特的人文积淀。特别是魏晋时期，中原板荡促使大量世家大族和士人涌入河西，极大地促进了河西地区的民族交流和文化发展，催生哺育了辉煌灿烂的"五凉文化"。陈寅恪先生曾言："秦凉诸州西北一隅之地，其文化上续汉、魏、西晋之学风，下开（北）魏、（北）齐、隋、唐之制度，承前启后，继绝扶衰，五百年间延绵一脉。"诚然，汉唐时期河西地区之所以能够创造出繁荣发达的文化，就在于其能以海纳百川的气度和宽广博大的胸怀，借鉴吸收各民族的先进文化，为自身输入新鲜血液，不断地丰富和完善自我。今天，武威站在新的历史起点上，也必将以其深厚的历史文化底蕴，更好地融入"一带一路"国家建设中，努力打造丝绸之路经济带黄金节点，真正成为中国的"银武威"，成为"一带一路"上闪闪发光的一颗明珠。

第四节　张掖郡（上）

文物简介

木简一枚（简号EPT52：99），1974年出土于居延破城子甲渠候官遗址。该简完整，长23.1厘米，宽2.4厘米，厚0.2厘米，松木材质。正面三行书写。此简为张掖太守府给居延都尉的下行文书，主要内容是张掖太守就有关居延都尉下辖的殄北守候和甲渠候贪污、挪用祠社款项给予处罚的记录。该简现藏甘肃简牍博物馆。

简牍释文

建始元年九月辛酉朔乙丑，张掖大守良、长史威、丞宏敢告居延都尉卒人。言殄北守候塞尉护、甲渠候谊，典吏社受致麀饭黍肉，护直百卅六，谊直百卌二。五月五日谊以钱千五百偿所敛吏社钱，有书，护受社麀不谨。谊所以钱千五百偿吏者审未发觉，谊以私钱偿毋罪名。书到，如（律令）。

简文大意

此简为汉成帝刘骜建始元年（前32年）九月初五日，张掖郡太守良、长史威、丞宏三人联名给居延都尉的复文。文书记载了对居延都尉下辖的

图 1-7　建始元年张掖太守告居延都尉卒人书

殄北守候、塞尉护和甲渠候谊，在准备举行祠社稷时利用职权之便，"受社廛不谨"和"敛吏社钱"等行为的处理意见，其中甲渠候"谊"因在案件事发前已经将"钱千五百"偿还给了相关小吏，最终避免了处罚。

简文中的"社"即祠社稷，是汉代流行的一种祭祀社（土神）和稷（谷神）的活动。《后汉书·祭祀志》引纬书《孝经援神契》曰："社者，土地之主也。稷者，五谷之长也。"至于"廛饭黍肉"则是指古代在举行社祭时大家共同出钱购买用以祭祀的黍米、肉等所需之物。"廛"，在这里有共同出资之意。

根据出土汉简的记载，两汉时边塞军中祠社稷活动所需的款项主要由下级军吏共同承担。因此，也就不难理解为什么简文中殄北守候"护"和甲渠候"谊"能够在祠社稷活动中利用职权敛财了。

阅牍延伸

隔断羌胡——汉代张掖郡的塞防

张掖，古称甘州，雄踞在河西走廊中部，扼古丝绸之路咽喉，历来是中原王朝在西北地区的军事、交通要冲和河西地区政治、经济、文化中心，素有"金张掖"之美誉。汉武帝元狩二年（前121年）骠骑将军霍去病"涉钧耆，济居延，遂臻小月氏，攻祁连山，扬武乎鱳得"即此地。汉武帝在获得河西走廊后，于元鼎六年（前111年）置张掖郡，取"张国臂掖，以通西域"之意。根据《汉书·地理志》记载，西汉时张掖郡领有鱳得、昭武、删丹、氐池、屋兰、日勒、骊靬、番和、居延、显美十县。

两汉时张掖郡处于匈奴与西羌的交通要冲，地理位置十分重要。汉武帝初置张掖郡时本就有"隔断羌胡，使南北不得交关"之考量，同时汉廷为了更好地牵制和抵御匈奴的攻击，沿着河西走廊北部边界修筑亭障，形成一道隔断羌胡的防御屏障。从两汉张掖郡境内的汉塞走向来看，主要分为两部分：一是元鼎六年（前111年）由令居筑塞西至酒泉郡部分。其中张掖段南接武威郡，经今永昌县水源镇折向西北至金川峡口、又由西北进入山丹县境后，沿山丹河经龙首山主峰东大山进入张掖市境，再沿黑河东岸经临泽县和高台县。另一部分则是太初三年（前102年）汉武帝派遣强弩都尉路博德修筑的由张掖至居延遮虏障的塞防。此段汉塞从今金塔县境沿古弱水（今甘肃境内称为黑河，内蒙古境内称为额济纳河）向北延伸，直至居延泽。根据目前考古发掘情况和出土汉简记载，学界已对居延汉塞遗址分布情况较为清晰，故此处仅就居延烽燧遗址着重介绍。

1930年4月至1931年，中瑞西北科学考察团曾在今甘肃省金塔县和内蒙古额济纳旗境内的额济纳河（黑河）流域进行考古调查。在考察过程中发现了一系列汉代塞防和障坞亭燧遗址，并在若干遗址中采获汉简10 200余枚，这就是后来震惊世界的居延汉简。同时，居延汉简也因其极高的史料价值，被王国维先生赞誉为20世纪初中国文史学界"四大发现"（另外三个分别是殷墟甲骨文、敦煌藏经洞文书、故宫明清档案）之一。此后，1972—1976年甘肃省博物馆文物工作队又对居延汉代烽燧遗址进行了踏察和考古发掘，先后获得汉简18 000余枚。根据多年的考古发掘和对出土居延汉简的释读研究，学界基本确定了汉代弱水中下游存在居延都尉和肩水都尉，厘清了居延汉塞下辖候官障坞、烽燧和关门等遗址的结构和空间布局。

居延都尉作为西汉时期居延地区的最高军事指挥机构，隶属张掖郡太守管辖，其下设军事建制主要有三大候官，分别是殄北候官、甲渠候官和卅井候官。每个候官下辖若干部，部下又设若干燧。

据目前考古发掘资料显示，殄北塞是居延都尉军事防御体系中最北的一道屏障，位于古代弱水汇入居延泽的下游河东道以北，呈弧状分布，现存遗址最长距离27千米。从出土汉简的记载来看，殄北候官所属烽燧在10座以上，现存遗址只是其中的一部分。甲渠塞负责居延都尉西部防线，甲渠候官驻地又名破城子（A8），位于今额济纳旗南24千米纳林、伊肯河之间的戈壁滩上。据甲渠候官遗址和出土简册综合分析，甲渠候

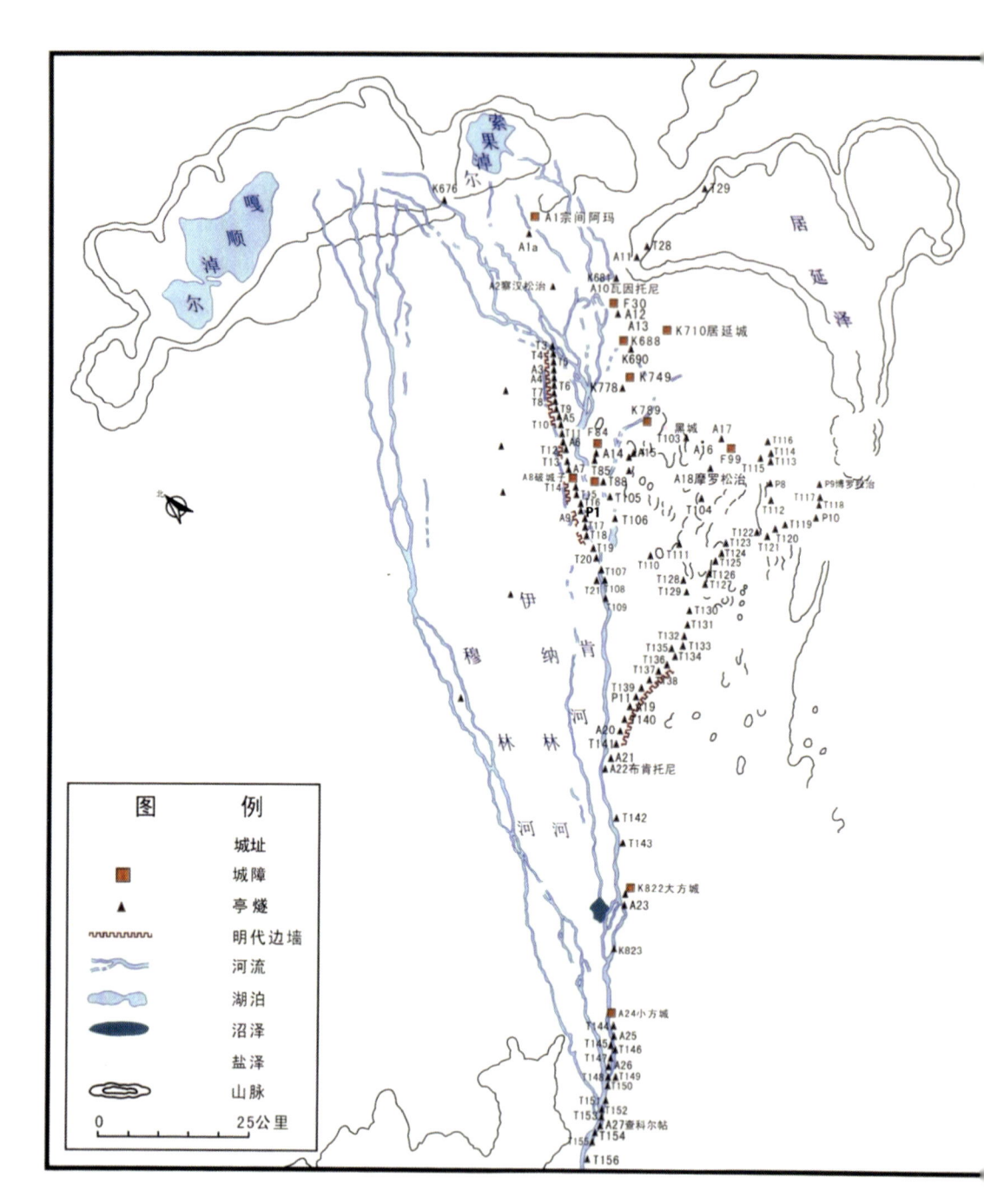

图 1-8　内蒙古额济纳河流域汉代亭障分布图

官的创建至迟不晚于武帝末年。卅井塞则负责居延都尉府东南部的防线，由三组烽燧线组成。一组从伊肯河东岸的布肯托尼（A22）向东北，至居延泽南岸的博罗松治（P9），是卅井塞的主要部分。一组从T120向北，包括T112～T116、P8等7座烽燧。一组位于卅井塞以北、保都格（P1）以东，呈东西走向，包括T110、T111。其中博罗松治（P9）为卅井候官治所，同时根据此地出土纪年简判断，其存在时间介于西汉昭帝至东汉光武帝建武初之间。

图1-9　甲渠候官遗址

除居延都尉外，肩水都尉辖境也是居延汉塞重要的军事驻防区域。根据现有考古资料和出土汉简的记载，吴礽骧先生认为汉代肩水塞堡壕在今金塔县东北60千米处沿黑河两岸平行分布，其北端相交于肩水金关。同时，汉代肩水都尉下辖有肩水候官、广地候官、橐他候官、仓石候官、庾候官等。其中，肩水金关作为肩水候官下设的一座烽塞关城，有"固若金汤"之意。它不仅承担着进出河西腹地、北通居延都尉的咽喉门户的作用，同时也拱卫着关城南面不远的肩水都尉府大湾城和肩水候官地湾城等屯戍重地，是汉代往来出入居延地区的交通要塞。

图 1-10　肩水金关遗址

  根据居延汉简的记载，直至东汉初年肩水都尉的名称仍然出现在简牍文书中，但令人疑惑的是《汉书·地理志》为何会对肩水都尉毫无记载呢？陈梦家先生最早认识到这个问题并提出《汉书·地理志》记载的未必都是西汉的政治制度，所以有些都尉见于《汉书》列传而不见于《地理志》之中。刘安皓从《汉书·地理志》的编写体例入手，认为《汉书·地理志》中各郡县的数据来源于西汉的上计考课制度，《汉书·地理志》编写各郡县的体例为郡名、户数、人口数、县数与县名，各类都尉均不单独记录；与此相对应，《续汉书·郡国志》对东汉属国都尉采取单独标出的记叙体例。造成这一差异最关键的原因是，两汉都尉的职权并不完全相同。《汉书·冯奉世传》载："奉世长子谭，太常举孝廉为郎，功次补天水司马。"如淳注曰："边郡置部都尉及千人、司马，皆不治民也。"可见，西汉时边郡都尉只有军事职能，并无治民之责。到了东汉时期，边郡部都尉性质就有了很大不同，被赋予了领县治民之职。因此，西汉的各类都尉不会以独立单位参与最终上计到朝廷的民政版籍中，自然也就不会在中央的行政区划中单独出现，那么以上计考课记录作为人口数据来源的《汉书·地理志》不单独标注都尉府也在情理之中了。

第五节　张掖郡（下）

文物简介

木简一枚（简号EPF22：825AB），上、下端均有残缺。1974年出土于居延破城子甲渠候官遗址。长19.5厘米，宽2.1厘米，厚0.2厘米，胡杨材质。正面双行书写，反面单行书写。此简是建武七年（31年）时任"行河西大将军事、凉州牧、守张掖属国都尉融"，给河西五郡及张掖和酒泉农都尉的下行文书。简文中的金城、武威、张掖、酒泉、敦煌五郡即河西五郡，西汉武帝时在河西走廊列置四郡，至汉昭帝时又置金城郡，合称河西五郡。该简现藏甘肃简牍博物馆。

简牍释文

☐月甲午朔己未，行河西大将军事、凉州牧、守张掖属国都尉融，使告部从事／☐城、武威、张掖、酒泉、敦煌大守，张掖、酒泉农都尉。武威大守言，官大奴许岑。

☐祭酒永、从事主事术、令史霸。

简文大意

据张忠炜考证，此简可与居延新简《捕斩匈奴虏反羌购赏科别》（简号EPF22：222—235）册书重新编序，复原组成完整册书。其大意为：武威太守"言"将相关事宜禀告河西大将军窦融，窦融为此制定新的"购偿科别"法规，并将之转发给金城、武威、张掖、酒泉、敦煌河西五郡及张掖、酒泉农都尉。

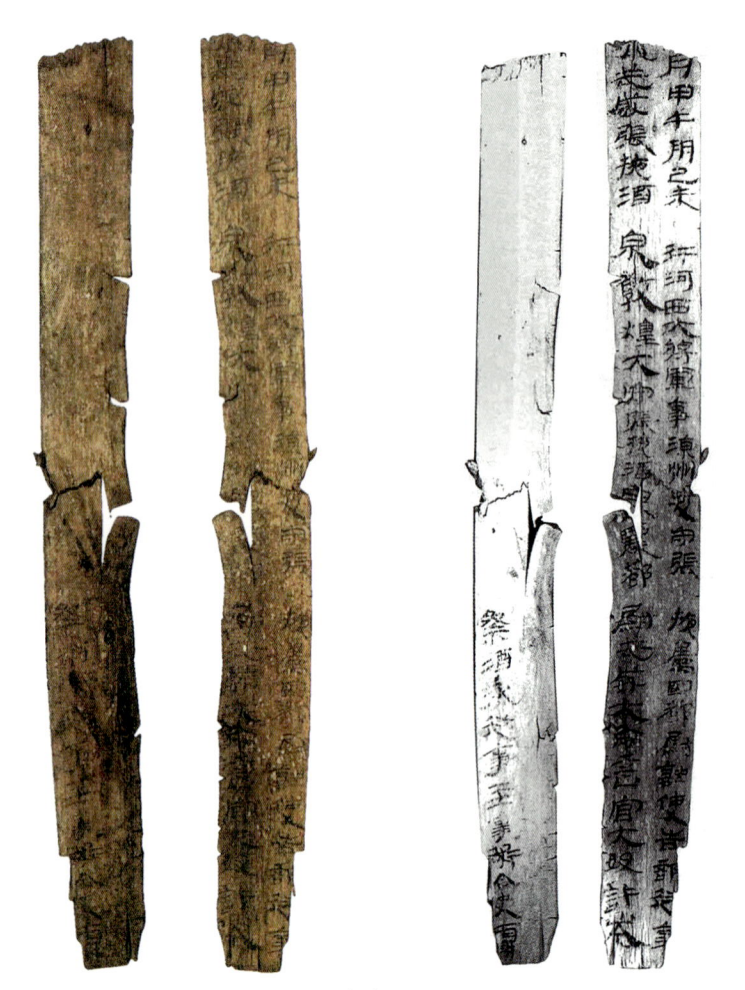

图 1-11 居延新简 EPF22：825AB

简文中的张掖、酒泉农都尉及张掖属国都尉均始自汉武帝。《汉书·百官公卿表》载："农都尉、属国都尉，皆武帝初置。"汉代的农都尉常置于边郡地区，主屯田积谷，受大司农及郡太守双重节制。《汉书·地理志》张掖郡条："番和，农都尉治。"从这枚简的记载来看，至少在东汉初年酒泉郡境内就设有农都尉。至于属国都尉，则是汉代领护边郡属国吏民的最高军政长官。

阅牍延伸

因其故俗——汉代张掖属国的设置

汉代张掖郡除设置郡县管辖百姓外，另有张掖属国用以安置归降的少数民族部落。《汉书·匈奴传》载：元凤二年（前79年）匈奴"右贤王、犁汙王四千骑分三队，入日勒、屋兰、番和。张掖太守、属国都尉发兵击，大破之，得脱者数百人。"可知，张掖属国的设置不晚于汉昭帝元凤二年（前79年）。王宗维先生又据居延汉简（简号148.1+148.42A）"出穈卅三石二斗。征和三年八月戊戌朔己未，第二亭长舒付属国百长子长"的记载，进一步判断张掖属国设置的时间最早可以推至汉武帝时期，且彼时属国下设有百长，其内部职官已趋于完备。

迨至东汉，除张掖属国，汉安帝时还曾置居延属国。《续汉书·郡国志》载："张掖居延属国，故郡都尉，安帝时别领一城。"西汉时居延县作为张掖郡的领县，由居延都尉充任地方最高军政长官，其辖境大致在弱水中下游地区。汉安帝改居延县为居延属国后，其领地范围和都尉设置应当都没有改变。到了东汉末年献帝时，朝廷又将居延属国改为西海郡，由此则居延属国也仅存于东汉一朝。

一般认为张掖属国辖区在张掖郡附近，前贤如陈梦家、肖化、吴礽骧、李并成均讨论提出张掖属国地望大致在张掖郡南部的黑河上游地区。这里地处祁连山北麓地带，水草丰盛，还有曾是匈奴重要牧场的焉支山，更为关键的是这里地处河西走廊咽喉要冲，在军事和交通上具有双重战略价值。李并成先生又进一步考证，认为今民乐县永固乡八卦营古城或为汉张掖属国都尉官署所在。

在明确张掖属国设置的时间和地望后，那么张掖属国的设置主要是为了管理哪些民族呢？汉武帝元狩二年（前121年）汉廷在获取河西走廊后，将归降的匈奴安置在"河南"边郡的地区，并置五属国进行管辖。在河西四郡建置前，武威、张掖本就是匈奴休屠王和浑邪王保据之地，因

图 1-12　张掖都尉棨信

此大多数学者倾向认为张掖属国内肯定安置有匈奴部落。除此之外，高荣先生认为张掖属国主要是为了安置归降的小月氏部落。月氏作为河西走廊的原住民，其"本居敦煌、祁连间"，汉初在匈奴老上单于杀月氏王后，其部众皆远去，仅有小部分退保南山，号为"小月氏"。安置归降的小月氏部落，不仅可以"隔绝羌胡"，还能实现"断匈奴右臂"的战略。此外，根据居延新简《建武六年甲渠言部吏毋作使属国秦胡卢水士民者书》的记载，张掖属国还统有"秦胡"和"卢水"等民族。

　　建武六年七月戊戌朔乙卯，甲渠障守候敢言之。府移大将军莫府书曰：属国秦胡卢水士民，从兵起以来□□困愁苦，多流亡在郡县。吏以……匿之。明告吏民，诸作使属国秦胡卢水士民畜牧、田作不遣，有无四时言。谨案：部吏毋作使属国秦胡卢水士民者。敢言之。·甲渠言部吏毋作使属国秦胡如卢水士民者。

值得注意的是，简文中屡次提到"属国秦胡卢水士民"。这里的属国即明确指张掖属国，那么简文中的"秦胡"和"卢水"又当作何解释呢？多年来这个问题一直困扰着专家学者，目前也尚无定论。代表观点如方诗铭先生认为"秦胡"一词应当分开理解，"秦人"是指当时的汉族人，"胡人"指国内的非汉族和外国人，当"秦人"和"胡人"连用时就构成了"秦胡"一词，"秦胡"即指汉族和非汉族；胡小鹏先生认为"秦胡"或可与"湟中义从"对举，或将其包括在内，可见"秦胡"当与"义从胡"含义相同，"秦"似乎带有"义从""归义""内附"之意，从这一点似可引申出"秦胡"指政治上接受汉王朝统治调遣的边疆少数民族。王子今先生在综合各家之说后，提出"秦胡"应当是属国管辖下的某一民族或某些民族的总称，指内属或归化之少数民族，并不限定为某一族群（至多限定为匈奴系诸胡），乃是一种政治身份或法律身份。综上所述，如若从"属国"性质这个角度分析，"秦胡"和"卢水"均不出内附或归化少数民族之意，尽管其具体所指今天已经不能明辨，但可以肯定的是，这些民族都是张掖属国统辖的民众。

汉代属国的行政组织系统不同于郡县制，有其鲜明的特点。陈梦家先生在爬梳《汉官仪》《汉旧仪》和《后汉书·百官志》后提出：西汉边郡部都尉和属国都尉均设有都尉、候、千人、司马等官，至东汉时则更有左骑千人官。这里所谓的"官"是指官署，有治所之意。《续汉书·郡国志》"张掖属国"条下云："武帝置属国都尉，以主蛮夷降者。安帝时，别领五城，……候官、左骑、千人、司马官、千人官。"此处"五城"即"候官、左骑、千人、司马官、千人官"五个官署的治所。同时，属国内部的左骑、千人、百长等官职常常由归降的少数民族部落首领充任，其目的就是保留归附民族的部落组织，以便更好地对他们进行管理。

张掖作为商贾重镇和丝路要塞，东西文化在此交流，南北民族在此交融，积淀着独特而深厚的历史文化。历史上，这里物产丰富、商贾云集，史称"西域诸胡多至张掖交市"。隋炀帝曾在这里接见西域二十七国使臣，

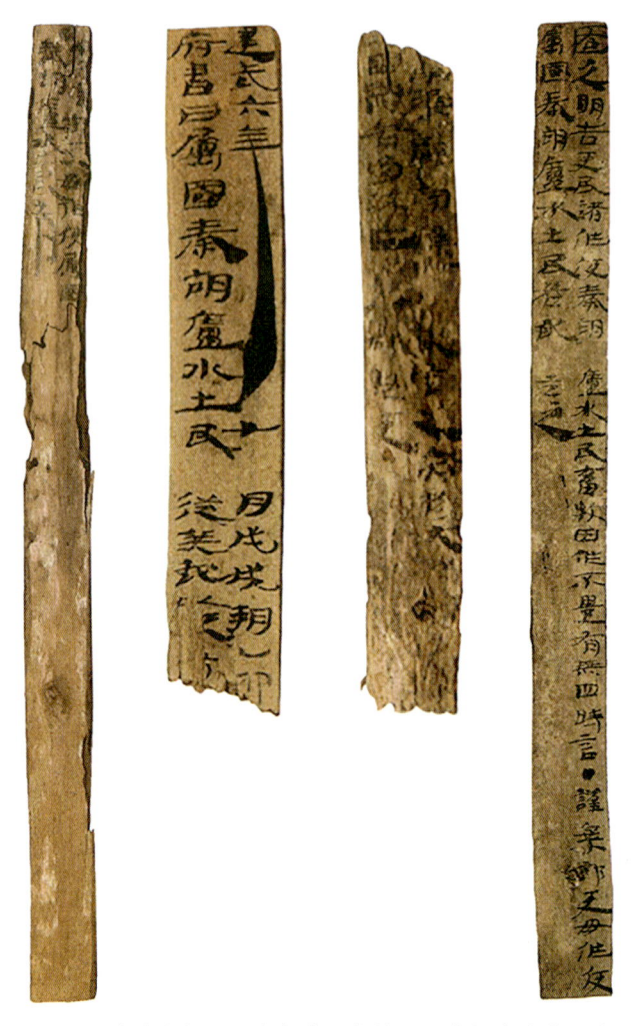

图 1-13　建武六年甲渠言部吏毋作使属国秦胡卢水士民者书

主持了盛况空前的"万国博览会"。今天张掖在面对新的机遇和挑战的同时，必将肩负起新时代的历史使命，发挥丝绸之路黄金段的区位优势和独特的文化旅游资源，伴随着"一带一路"建设的推进打开新通道，迎来新生机。

第六节　酒泉郡

文物简介

木简一枚（简号Ⅰ90DXT0309③：221），1990年出土于悬泉置遗址。该简完整，上端有裂痕。长23.2厘米，宽1.5厘米，厚0.4厘米，胡杨材质。正面双行书写。此简是汉宣帝给酒泉太守"辛武贤"和敦煌太守"快"上呈奏疏的恩准诏书。该简现藏甘肃简牍博物馆。

简牍释文

御史中丞臣强、守侍御史少史臣忠昧死言：尚书奉御史大夫吉奏丞相相上酒泉大守武贤、敦煌大守快书，言二事。其一事：武贤前书穛麦皮芒厚，以廪当食者，小石三石少不足，丞相请郡当食廪穛麦者石加。

简文大意

此简为汉宣帝回复酒泉太守"辛武贤"和敦煌太守"快"奏疏的恩准诏书，简文记载的是皇帝诏书中对两太守奏疏内容的

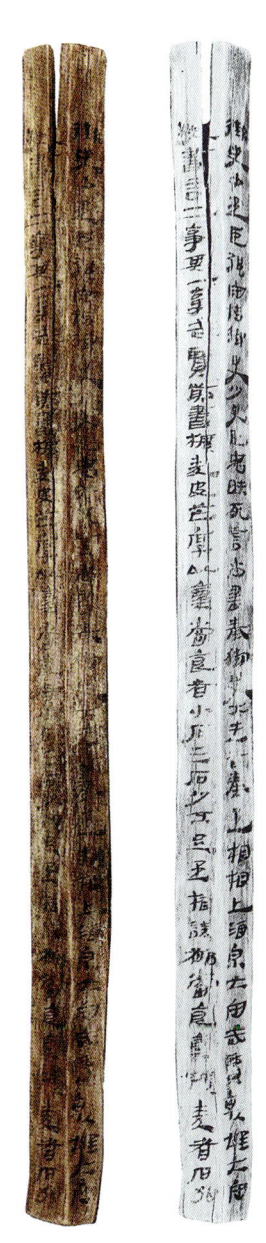

图1-14　悬泉汉简恩准诏书

复述。从简文内容看，酒泉太守辛武贤和敦煌太守快给朝廷的奏疏主要涉及两件事情：一是辛武贤认为作为粮草的穬麦因皮厚芒长，如按规定每人发放小石三石，会造成实际数量的不足，所以他请求皇帝每石加发若干；另一件事显然是敦煌太守快的上书，但文字未能容纳于此简，故不得而知。

简文中的"穬麦"指皮大麦，也称秠壳大麦。许慎《说文解字》中记载："穬，芒粟也。"河西地区作为汉代重要的屯戍区域，对谷物和粮食的需求较大，穬麦不仅可以作为屯戍人员的食粮，又可作优良的谷物饲料，是汉代河西地区重要的农作物之一。

另据张德芳先生考证，此简所言史实或与汉宣帝神爵年间对羌作战有关。汉宣帝神爵元年（前61年）西羌作乱，辛武贤被任命为破羌将军，与敦煌太守快等发兵配合后将军赵充国对羌作战，神爵二年（前60年）羌事结束后辛武贤赴任酒泉太守。简文中称辛武贤为"酒泉太守"，或许是神爵二年（前60年）羌事结束后，辛武贤在面对平定西羌战争过程中发现的一些弊端诸如粮食发放不足数等问题，向朝廷提出改善的建议。

阅牍延伸

河山襟带——汉代的酒泉郡

酒泉，古称肃州，地处河西走廊西端，历来为古丝绸之路上的一座重镇，因其"城下有泉，其水若酒"而得名。在河西四郡开置历史过程中，古今学者多认为酒泉置郡最早。汉武帝元狩二年（前121年），骠骑将军霍去病在与匈奴两次河西战争获得胜利后，当年秋"匈奴浑邪王杀休屠王，并将其众合四万人来降"。武帝遂因河西地空，最先开置酒泉郡，以"通西北国"，即加强与西域各国间的联系，实现"断匈奴右臂"的战略。根据《汉书·地理志》的记载，西汉时酒泉郡领有禄福、表是、乐涫、天帠、玉门、会水、池头、绥弥、乾齐九县。

汉代酒泉郡的塞防，即元鼎六年（前111年）由令居筑塞西至酒泉郡境内的部分。根据《汉书·地理志》的记载，酒泉郡设有北部都尉、东部都尉和西部都尉。其中，北部都尉和东部都尉驻地均在会水县境内，西部都尉则驻守在乾齐县。居延汉简中亦有居延都尉与酒泉北部都尉之间书信往来的记录：

其一封居延都尉章诣酒泉北部都尉府　十二月☐
一封居延令印☐

此简属邮书刺，出土于居延破城子甲渠候官遗址（A8），是张掖郡居延都尉给酒泉郡北部都尉府信件的记录。汉代会水县与居延都尉辖区毗邻，同时北部都尉与居延都是河西边塞屯戍的重要区域，因此经常会有书信往来交流，配合做好边塞防御措施。

根据李并成先生的考证，酒泉郡东部塞约起于今金塔县鼎新镇西北黑河西岸的北大河故道汇入黑河处，其东与沿黑河两岸延伸的张掖郡肩水都尉肩水候官塞相连，并由此向西沿北大河古道北岸延伸。北部塞约起于今金塔县北境的臭水墩，向西至玉门市花海东、疙瘩井北。西部塞辖地约东起今金塔、玉门交界的疙瘩井北之玉门市花海乡的干海子，与酒泉郡北部都尉辖北部塞接界，向西直至安西县东部的三道沟东北疏勒河转弯处，与汉敦煌郡宜禾都尉辖的广汉塞接界。

河西归汉后，西汉朝廷非常重视对河西地区的经营和管理。酒泉郡作为"通道羌戎，河山襟带"的边徼要会，自然是河西走廊西端重要的交通节点。从敦煌悬泉置遗址出土的驿置道里簿（又称"里程简"）中，我们可以清楚认识到汉代酒泉郡境内驿置道里的情况。

祁连置去表是七十里，玉门去沙头九十九里，沙头去乾齐八十五里，乾齐去渊泉五十八里。·右酒泉郡县置十一·六百九十四里

根据《里程简》的记载，汉代酒泉郡境内共设有11处驿置，总里程

达694汉里（约合289千米），每个驿置站点间平均相距69.4汉里（约28.9千米）。结合《汉书·地理志》河西各郡领县和地望来看，西汉酒泉郡下辖表是、乐涫、绥弥、禄福、天㧑、玉门、会水、沙头、乾齐9县。在《里程简》中出现了表是、玉门、沙头、乾齐4县，证明这4个县置是作为驿置使用，除此之外，酒泉郡下应还存在其他7处驿置。

贾小军认为汉代会水县治今高台县西北、汉羌谷水（今黑河）西岸，并非处在《里程简》所记录的张掖至酒泉的东西大道上，理应排除在外。而除会水县外，酒泉郡所辖其他8县皆地当东西大道，所设驿置亦当与县城同在；且表是置应处在酒泉郡最东端，乾齐则是酒泉郡最西端的驿置。在明确酒泉郡内8处县置后，其余3处驿置名称虽已遗失，但可以根据各驿置间的距离确定大致位置。从各驿站间的距离判断，绥弥至禄福、禄福至天㧑、天㧑至玉门间应存有3处未知名称的驿置，可暂称之为A、B、C。概括而言，汉代酒泉郡境内的驿置自东向西分别为：表是→乐涫→绥弥→A→禄福→B→天㧑→C→玉门→沙头→乾齐。

此外，悬泉汉简中还有于阗王及其使者经悬泉置前往酒泉郡禄福县的记载，亦

图 1-15 悬泉驿置道里簿

可佐证汉代敦煌至酒泉间道路的畅通和使用情况：

> 各有数，今使者王君将于阗王以下千七十四人，五月丙戌发禄福，度用庚寅到渊泉。

从简文内容看，此次于阗王及其下属出使规模达千余人之多，如此重要的身份和庞大的出使规模，尤其需要沿途驿置提前做好准备。因此，这封文书是悬泉置向沿途各驿置机构的发文，用来更好地准备和安排沿途接待工作，以便顺利完成。值得注意的是，简文中记载由敦煌郡进入酒泉郡的路线与《里程简》中记录路线一致，均是由渊泉县进入酒泉郡的。可见《里程简》中记载的路线当是汉代敦煌、酒泉两郡之间往来交流的主要通道。

向达先生曾言："汉武帝开河西四郡，立酒泉以为中权重镇，北控居延，南枕祁连，西有敦煌以为前卫，东有武威、张掖以为后路，卒能击破匈奴，以雪高祖之耻。时移代异，而形势依然。"岁月流转，世事沧桑。尽管历史的车轮滚滚向前，但酒泉及其周边地区的战略地位与自然环境之优势，依然为历代所重视，成为连接东西、保障北疆安宁的重要枢纽。时至今日，这片土地不仅承载着丰富的历史文化底蕴，更在现代化建设中展现出勃勃生机，持续为国家的繁荣与发展贡献力量。

第七节　敦煌郡（上）

文物简介

　　木简一枚（简号Ⅰ 90DXT0309③：236AB），1990年出土于悬泉置遗址。该简完整，长22.7厘米，宽1.7厘米，厚0.4厘米，胡杨材质。正面双行书写，反面单行书写。此简是汉宣帝神爵二年（前60年）敦煌太守府给属县和郡库的下行文书。该简现藏甘肃简牍博物馆。

简牍释文

　　神爵二年三月丙午朔甲戌，敦煌大守快、长史布施、丞德谓县、郡库：大守行县阅，传车、被具多敝，□为调易□□□书到，遣吏迎受输敝被具，郡库相与校计，如律令。

　　掾坚来、守属敞、给事令史广意、佐富昌。

简文大意

　　此简为汉宣帝神爵二年（前60年）三月二十九日敦煌太守府给属县和郡库的文书，简文大意是敦煌太守"快"在巡视检查各县时，发现传车披具多破旧不堪，要求各县将损坏的车具送往郡库进行校核。简文中记载的郡库，即敦煌太守府下辖的郡级武库，是掌管敦煌郡属县财物的重要机构。从出土汉简的记载来看，敦煌郡库设有库令、库丞等职官。这枚简所反映的正是敦煌郡属县传车配具破损，需要郡库进行核校，可见传车也是郡库管理的重要器物。

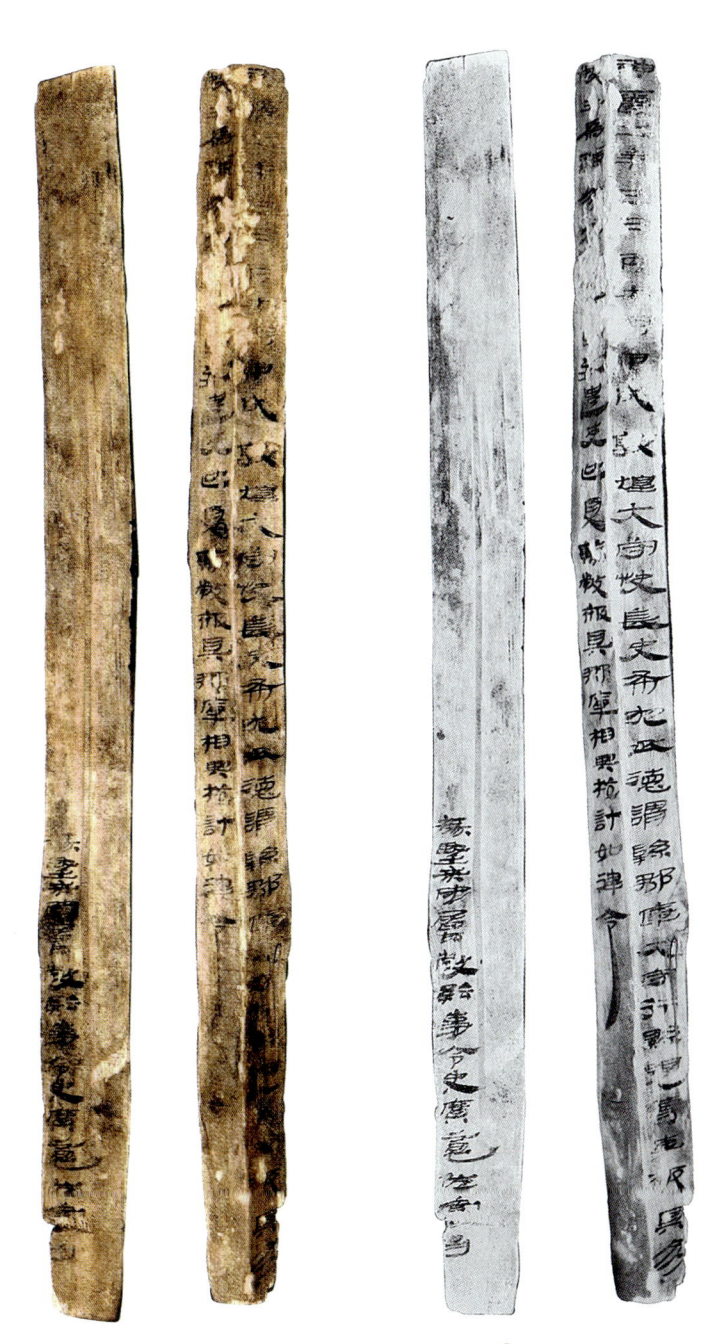

图1-16 悬泉汉简Ⅰ90DXT0309③：236AB

阅牍延伸

丝路要冲——汉代的敦煌郡

敦煌，位于河西走廊最西端，地处甘肃、青海、新疆三省（区）交汇处，自汉代以来便是连接中西交通的重要枢纽，被誉为丝绸之路上的一颗明珠。先秦时期月氏和乌孙最先在这里游牧生活，秦汉之际随着匈奴势力的不断扩大，月氏、乌孙被迫西迁，河西走廊的广大区域为匈奴控制。直至元狩二年（前121年）汉武帝派遣霍去病出征河西击败匈奴后，为了打开西域交通道路，加强与西域诸国间的交流，汉廷于元鼎六年（前111年）分酒泉郡置敦煌郡。根据《汉书·地理志》的记载，西汉时敦煌郡领有敦煌、冥安、效谷、渊泉、广至、龙勒六县。

关于"敦煌"名称的由来和含义，长期以来学界有不同观点。如日本学者藤田丰八认为"敦煌"一词可能是都货罗（Tokhara）

图 1-17 "敦煌"木牍

的译音，都货罗即汉初居于敦煌、祁连间的月氏族。王宗维、李正宇认为"敦煌"与"敦薨"互通，"敦薨人"最早在罗布泊方圆数千里的范围内活动，其山名、水名、泽名均以"敦薨"一词命名。岑仲勉先生在《释桃花石（Taugas）》一文提出：古代中亚人将中国称为"桃花石"（Taugas），《长春真人西游记》中亦有"桃花石诸事皆巧，桃花石谓汉人也"的记载，而敦煌地处东西交通之咽喉，是国际商业之集散地。其"握北门之锁钥者最少可六百载，其历史如是久且要，外人叩关投止，因以初到之封境为称，渐乃变成国号，固自然而然之事实矣"。因此他认为"桃花石"是"敦煌"之对音。

史籍中"敦煌"的一词最早见于《史记·大宛列传》"始月氏居敦煌、祁连间"的记载，至东汉时应劭解释为"敦，大也；煌，盛也"，敦煌即取盛大辉煌之意。唐人李吉甫在《元和郡县图志》中进一步发扬："敦，大也；以其广开西域，故以盛名。"意思是说由于敦煌在开辟西域方面的重大意义，所以才被赋予了这样一个具有盛大含义的名字。李并成先生则从传统典籍的训诂释义中提出"敦煌"一词并非其他民族音译而来，而是取"盛大辉煌"或曰"汉朝的文德大盛"之本意，其所指并不局限于敦煌本身，更重要的是敦煌具有"广开西域"的历史意义和功业。

敦煌郡作为河西走廊向西延伸的通道，不仅承担着防御北部匈奴的重任，还要时刻提防南部羌族的侵扰，是河西四郡中防线最长的地区。汉代敦煌郡自西向东分别设有阳关都尉、玉门都尉、中部都尉和宜禾都尉。其中，北部地区的塞防线主要沿今疏勒河下游流域呈"东—西"横向分布，而玉门都尉和阳关都尉则互相配合，共同守卫着敦煌西部和南部地区的安全。这样漫长的边境防线，也凸显了两汉时期敦煌郡特殊的战略地位。

图1-18 汉代玉门关遗址

根据史籍和出土汉简的记载，敦煌郡宜禾都尉辖域东与酒泉郡西部都尉相接界，西止于宜禾候官临介燧，与中部都尉毗邻。其中宜禾都尉治昆仑障，中部都尉治步广候官。此外，出土简牍中亦明确记载汉代宜禾都尉领属五个候官：

宜禾部蠡第，广汉第一，美稷第二，昆仑第三，鱼泽第四，宜禾第五。

此简出土于宜禾都尉凌胡燧（斯坦因编号 T6b），简文明确记载了宜禾都尉下辖五个候官，自东向西依次是广汉候官、美稷候官、昆仑候官、鱼泽候官和宜禾候官。

根据吴礽骧和李并成两位先生的实地踏勘，中部都尉领有平望、破胡（后改为步广）、吞胡、万岁等四个候官，其辖境东起万岁候官扬威燧，与宜禾都尉宜禾候官临介燧接界，西止于平望候官朱爵燧，朱爵燧向西又与玉门都尉玉门候官最东端的大方盘城毗邻，则平望候官处在中部都尉的最西端。

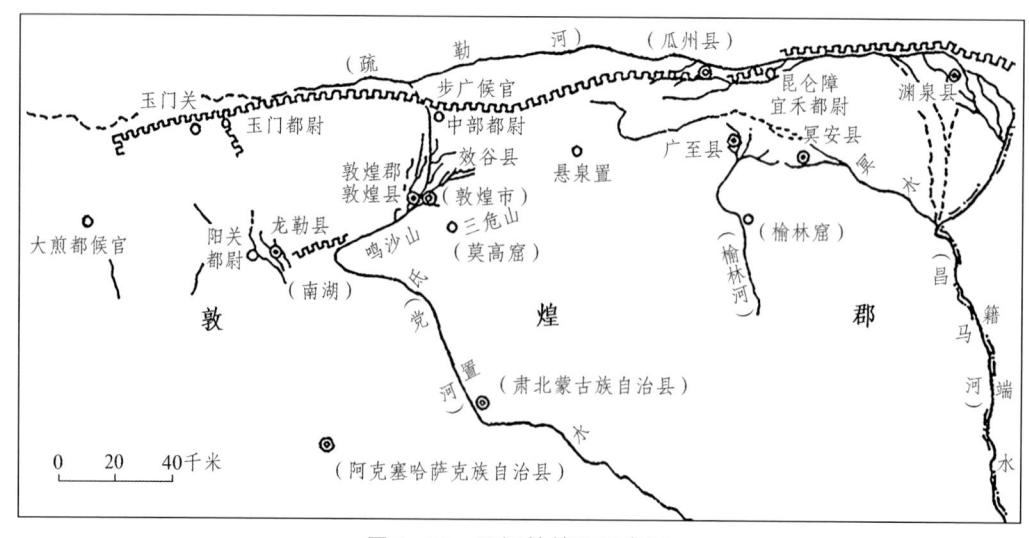

图 1-19　西汉敦煌郡示意图

除敦煌郡北部和西部的塞防外，悬泉汉简中还有敦煌南塞的记载：

建昭二年九月庚申朔壬戌，敦煌长史渊以私印行太守事，丞敢告部都尉卒人，谓南塞三候、县、郡仓，令曰：敦煌、酒泉地埶（势）寒不雨，蚤（早）杀民田，贷种穬麦，皮芒厚，以廪当食者，小石。

这枚简记载了汉元帝建昭二年（前37年）敦煌太守府下发有关廪食的文书，简文中出现的"南塞三候"则是敦煌郡在其南部为防御南山羌而设置的塞防体系。张俊民先生基于悬泉汉简的详尽记载，进一步阐释了敦煌郡的防御布局。他指出，敦煌"南塞三候"自东向西依次为益广候、广牧候及屋兰（阑）候，这三者作为敦煌郡南部与东部防御体系的关键环节，主要负责扼守敦煌南山沟谷地带以及敦煌东部沿南籍端水（今疏勒河上游）河谷的战略要地，旨在有效遏制南山羌族势力对敦煌边境的侵扰。

此外，敦煌南部的防御体系并不仅限于"南塞三候"，还包括驻守在敦煌郡西南的阳关都尉，其麾下设有博望候官与雕秩候官，两者共同构成了该地区的重要防御力量。与之相辅相成，南塞沿线还配套设有烽燧、亭障等军事设施，它们与候官系统互相配合、紧密相连，共同编织了一张严密的防护网，确保了敦煌南塞绵长防线的稳固与安全。

第八节　敦煌郡（下）

文物简介

木简一枚（简号Ⅰ90DXT0110①：22），1990年出土于悬泉置遗址。该简长23.4厘米，宽1.2厘米，厚0.4厘米，红柳材质，单面书写。该简为敦煌太守府下发给敦煌郡库和效谷县的下行文书，内容涉及敦煌郡库与效谷县下辖遮要置、悬泉置之间的牛车借调记录，对于了解汉代边郡邮置机构的日常运作有重要价值。该简现藏甘肃简牍博物馆。

简牍释文

鸿嘉三年七月辛未朔己丑，敦煌长史充国行大守事，库守令、守部千人喜兼行丞事，谓郡库、效谷，今调牛车假效谷，为遮要、悬泉置运甲卒所伐茭，如牒，书到，遣吏持悬泉置前年所假牛车八两输郡库。

图 1-20　悬泉汉简
Ⅰ90DXT0110①：22

简文大意

鸿嘉三年（前18年）七月十九日，代行敦煌太守事务的敦煌长史充国，兼行敦煌太守丞事务的库守令、守部千人喜联署发布文书，通知敦煌郡库和效谷县廷，预备调派牛车借予效谷县廷，为遮要置与悬泉置运送甲卒收割的茭草；并通知效谷县廷，书到之后遣吏员将悬泉置前年所借调的八辆牛车输还郡库。

阅牍延伸

咽喉锁钥——汉代的敦煌郡

敦煌地处河西走廊西端，是丝绸之路的咽喉枢纽。自敦煌往西，有出阳关和玉门关二道分别通向西域，敦煌郡诸县就处在连通这两条路线的丝绸之路东道的主道上。敦煌郡下辖六县，自西往东，依次为龙勒、敦煌、效谷、广至、冥安、渊泉。其中阳关、玉门关即在龙勒县境，两关的战略地位显著，前汉尝设都尉于此进行管辖。

连接漫长丝路的重要节点，是遍布于其中的驿置亭舍。《汉书·张骞传》及《西域传》记载赵破奴击破姑师、虏楼兰王以后，"汉列亭障至玉门矣"。汉帝国将负责物资运输的邮亭与作为军事防御前线的障塞修筑到了玉门关，这里的玉门关显然是敦煌地区的指代，也就是说此后汉王朝将管辖权拓展到敦煌地区，并设置了完整的机构来维持运行。

敦煌汉塞分布在敦煌境内的南北界，是军事防御的前线，而邮亭驿置则遍布主要交通线上。《后汉书·西域传》记载："立屯田于膏腴之野，列邮置于要害之路，驰命走驿，不绝于时月；商胡贩客，日款于塞下。"这段记录描述的正是丝绸之路沿线往来繁忙的景象。在丝绸之路开通以后，络绎不绝的是驿马车队和商旅胡贩，而敦煌咽喉枢纽的地位更趋显要。

据出土悬泉汉简的记载，敦煌郡下至少有九个邮置，分别是龙勒、敦煌、效谷、遮要、悬泉、鱼离、广至、冥安、渊泉。其中遮要置、悬泉置与鱼离置不同于其他设在县治的县厩置，属于县域之内单独设立的邮置，不过在事务处理与日常运行中当并无二致。在这些邮置之外，尚设有骑置，如甘井骑置、平望骑置、万年骑置等。邮置和骑置之外，还有许多邮亭。

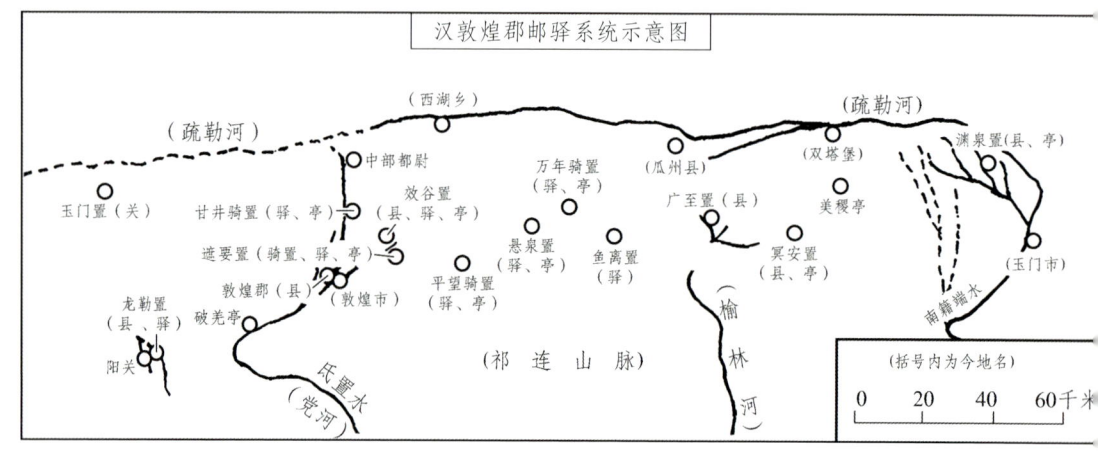

图 1-21 汉敦煌郡邮驿系统示意图

根据悬泉汉简记载，遮要置和悬泉置属效谷县所辖，而鱼离置为广至县所辖。据应劭所记，汉改"邮"为"置"，置是汉代邮驿体系中最主要的机构。置下又设有厩、厨、传舍等机构，这些机构分别有各自的职能，如厩备有马匹，可以负责邮书传递、人员物资运送；厨负责饮食炊供，满足往来人员的日常饮食需求；传舍则负责为往来人员提供住宿接待，邮置及其管理的各机构组成了一个具有多样职能的综合体，这样的综合体颇像我们现在的招待所，又不仅仅局限于往来人员的招待，它的存设构筑了汉帝国文书行政体系的毛细血管，是古代中国连通世界的基本单元。

邮置的运行往往不能脱离郡县行政体系而单独存在，必是在地方行政运作系统中才能展开其职能。像悬泉置这样的邮置，在接待西域诸国客人的时候，也少不了郡县乃至中央王朝的多层影响。为了维持邮置的正常运转，郡县往往会通过人力、物资的调配来完成其职能。

简Ⅰ90DXT0110①：22所反映的事务，即是敦煌郡为支持遮要置和悬泉置的运转而发布的相关命令。汉成帝鸿嘉三年（前18年）七月，敦煌太守与太守丞同时出缺，此时代行太守事务的是郡长史，库守令则兼职丞事，他们联署发布的文书提到调牛车给效谷县，以帮助遮要置与悬泉置运送茭草。根据简文推断，这里甲卒所割茭草并非给予军队，而是给予遮要置与悬泉置，这些茭草此后可能留给二置来喂养马匹。从文书反映的史实看，基层邮置的物资供给，在特定时候极度依赖郡县的调剂。值得一提的是，文书提到要悬泉置归还前年借调的牛车，可见基层邮置机构尚有许多物资是从郡府一级借调而来。

在悬泉置出土的汉简中，我们看到这样的基层机构深刻介入汉王朝的国家大政当中。一个职位卑下的置啬夫很有可能在大时代的洪流中见证了许多写入历史的人和事。悬泉汉简中记载的长罗侯过置、日逐王降汉、康居王献橐佗，以及汉与西域诸国的互动等诸多史事无一不是邮置这样的基层机构对历史的见证。这些记载补充了正史的缺失，完满了时代的脚注，丰满了人物的形象，深刻反映了敦煌在汉王朝曾经占据的地位和起到的作用。

敦煌，作为汉帝国西达西域的跳板，其位置正如咽喉，其价值亦似锁钥，借由一个个基层机构，连通了汉帝国与西域，又以千里塞防，保障了汉帝国的长治久安。

图 1-22　敦煌悬泉置遗址

第二章

河西关隘

第一节 玉门关

文物简介

木简一枚（简号Ⅰ90DXT0112②：18），1990年出土于悬泉置遗址。该简完整，长23.4厘米，宽1.8厘米，厚0.2厘米，松木材质。正面双行书写。此简为传信简，简文记载了敦煌玉门都尉"忠"赴任时，于建平四年（前3年）六月十三日在悬泉置停留的记录。该简现藏甘肃简牍博物馆。

简牍释文

建平四年五月壬子，御史中丞臣宪，承制诏侍御史曰：敦煌玉门都尉忠之官，为驾一乘传，载从者。御史大夫延下长安，承书以次为驾，当舍传舍，如律令。六月丙戌，西。

图 2-1　悬泉汉简
Ⅰ90DXT0112②：18

简文大意

这条简文可以分为两个部分理解。简文前一段是御史中丞"宪"根据制诏侍御史起草的有关玉门都尉"忠"的任命文书,随后御史大夫"贾延"将此文书完全抄录和签发,给持传人"忠"开具过所证明,为"忠"和随行人员提供相应的传舍条件。简文最后一句"六月丙戌西",是指建平四年六月十三日玉门都尉"忠"经过悬泉置后继续向西前往玉门关赴任的记录。

此条简文中出现的"御史中丞"和"制诏侍御史"均属两汉时期的内朝官吏名称。《汉书·百官公卿表》载:"御史大夫,秦官,位上卿,银印青绶,掌副丞相。有两丞,秩千石。一曰中丞,在殿中兰台,掌图籍秘书,外督部刺史,内领侍御史员十五人,受公卿奏事,举劾按章。"制诏侍御史作为皇帝身边的近侍秘书,主要负责将皇帝诏旨制成规范文书。至于玉门都尉,是汉代敦煌郡下设一职。《汉书·地理志》敦煌郡"龙勒县"条下云:"有阳关、玉门关,皆都尉治。"

阅牍延伸

何处是玉门——西汉时期的玉门关

玉门关,作为汉唐时期中原王朝与西域往来交流的重要关隘,在数千年的岁月中承载着太多历史情感和文化精神,引得无数文人骚客为其慷慨放歌。其中尤以王之涣"羌笛何须怨杨柳,春风不度玉门关"之句最为脍炙人口,为后世传唱。然而西汉时期玉门关究竟在何处?这个疑问从提出开始就一直争论不休,未有统一结论。概括而言主要有以下几种说法:

第一种观点是"东西迁移说"。法国汉学家沙畹根据《史记·大宛列传》中贰师将军李广利初伐大宛失败后,汉武帝"使使遮玉门曰:'军有敢入者辄斩之。'贰师恐，因留敦煌"的记载，认为武帝太初二年（前103年）以前的玉门关设置在敦煌以东，后才西迁至今天敦煌西北之小方盘城。在此说法基础上，后世学者不断深入研究。

第二种观点是"小方盘城说"。即认为自汉武帝太初年间以来玉门关就是在小方盘城，从未有过迁移。如夏鼐、向达等学者，他们利用汉唐传世史料与出土简牍的记载，证明玉门关始置于敦煌以西，小方盘城是玉门都尉的治所。

第三种观点是"马圈湾说"。陈梦家先生认为玉门关始置于敦煌以西，小方盘城并非玉门关城本身，而是玉门都尉的治所，并进一步推测玉门关口应在小方盘城之西或西北，即"T11—12之间"或"T13—14a之间"，也就是马圈湾遗址所在之处。

随着对敦煌西北烽燧遗址考古调查的推进，敦煌小方盘城、马圈湾遗址简牍发现的大量出入关记录，使玉门都尉府和玉门关的位置逐步清晰。张德芳先生认为《史记·大宛列传》和《汉书·李广利传》所谓"使使遮玉门，留屯敦煌"，只是当时李广利上书和汉武帝下诏在空间和时间上的错位，而不是玉门关位置发生东西迁移的证据。小方盘城周围长城、烽燧密布，两汉时期又与疏勒河相距不远，水源可以得到充分补给，能够起到"隔离内外，稽查出入"的作用。这也基本证明了小方盘城遗址，就是西汉玉门关所在。

图2-2 汉代玉门关遗址

小方盘城遗址，位于东经 93°52'、北纬 40°21' 之敦煌市西北 90 千米处的东西向狭长沙石台地上。1907 年和 1914 年，英籍匈牙利人斯坦因（Marc Aurel Stein）曾先后两次考察敦煌西北的汉塞遗迹和汉代长城烽燧遗址，并在其所绘的敦煌地图上编号为 T14（甘肃省文物考古研究所编号为 D25）。随后 1944 年，西北科学考察团考古组夏鼐和阎文儒先生到敦煌长城线勘察时，在小方盘城台地上发掘出有"玉门都尉"的半截简和木简削衣、麻绳、碎毡片等物品。到了 1979 年，甘肃省博物馆文物队与敦煌县文化馆合作，对敦煌以北的汉代长城烽燧进行了大规模科学考察，并对小方盘城以西 11 千米的马圈湾烽燧遗址进行试掘。1998 年，甘肃省文物考古研究所在小方盘遗址维修过程中，再次发掘出简牍 380 余枚。2014 年，玉门关遗址又作为"丝绸之路：长安—天山廊道的路网"中的一处遗址点成功列入《世界遗产名录》。

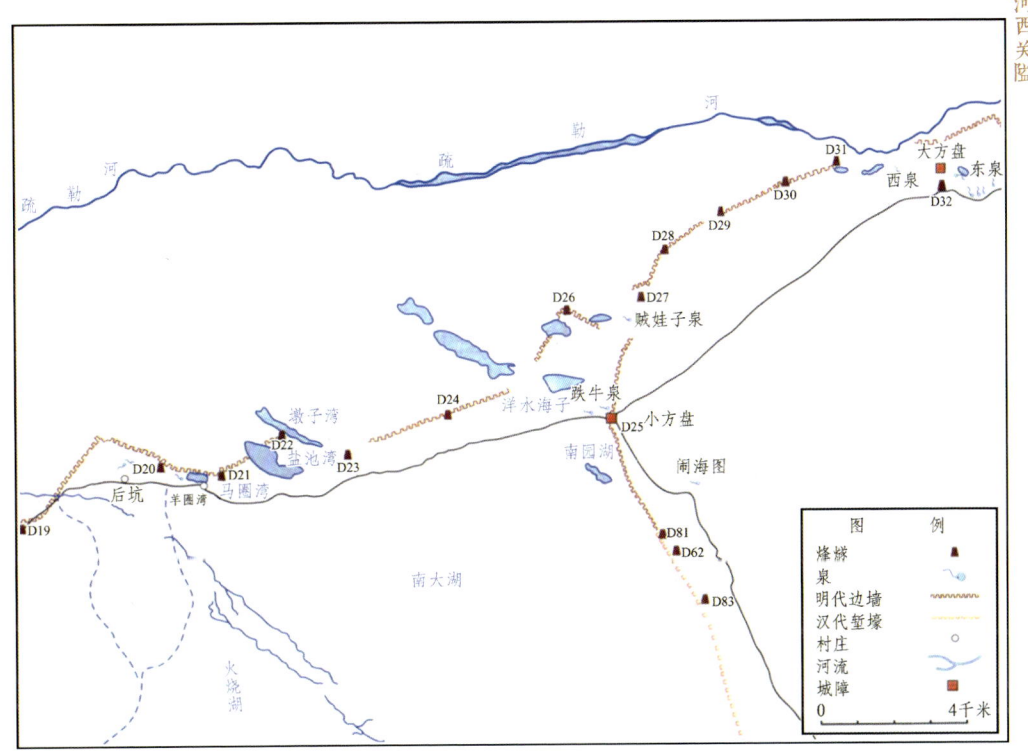

图 2-3　敦煌 D25（T14）小方盘城附近塞墙走向图

在明确小方盘城为两汉时期玉门关所在之处后，那么彼时玉门关的驻防情况又如何呢？西汉时敦煌郡辖境共有4个都尉，北部自西向东分别是玉门都尉、中部都尉和宜禾都尉，南部有阳关都尉。其中，玉门都尉下有大煎都和玉门两个候官。大煎都候官的防线呈Y字形，沿疏勒河尾闾西走到榆树泉盆地。根据出土汉简的记录，大煎都候官下属有：大煎都候长、万世候长、广武候长、步昌候长等；有大煎都士吏、步昌士吏；有斥地候史、获虏候史、广昌候史等。

玉门候官驻地在大煎都候官之东，从显明燧到仓亭燧，东西35千米左右。此外，根据1979年出土的敦煌马圈湾汉简记载：

玉门部士吏五人，候长七人，候史八人，燧长廿九人，候令史三人。

玉门候官下设椽属有士吏、候长、候史、燧长、候令史，合计52人。从现在遗留情况来看，玉门候官所属有显明燧、北戈壁墩、二十里大墩、牛头墩西南墩、牛头墩、后坑墩（临要燧）、马圈湾烽燧、盐池湾墩（广汉燧）、墩子湾墩、当谷燧、盐池墩（远望燧）、贼娃子泉东北墩、北苦沟南墩、西泉西墩、西泉墩、西泉东北墩、仓亭燧等17座烽燧和小方盘城（玉门关）、大方盘城（河仓城）2座城障。

关于玉门关的得名，传统观点均以玉门关当西域孔道，因西域输入玉石时取道于此而得名。除此说法之外，郑炳林先生在翻阅敦煌马圈湾汉简和悬泉汉简后发现：两汉时期并无西域贩运玉石的商人经由玉门关进入敦煌，以及玉门关征收西域商人玉石关税的记载。玉门得名可能与史籍中"汉高祖刘邦与项羽相持于成皋失利，独与滕公共车出成皋玉门"的记载有关，也就是说玉门就是"成皋北门"。城的北门俗称"玉门"，又称为凶门。汉唐出兵打仗，称为凿凶门而出。并由此推断：玉门关应是一座北面的关隘，是一个军事性质的塞城。此外，从《汉书·西域传》的记载来看，西域诸国使者行经的关隘都是阳关，而投降西汉政府或与军事有关的行为必须在玉门关外等待批准，没有得到西汉政府的同意不能随便入关。譬如悬泉汉简中关于"归义大月氏"的记载：

府移玉门书曰：降归义大月氏闻须勒等☐

此简记载了敦煌郡行文给玉门关长官，让归降的大月氏闻须勒等经由玉门关进入敦煌。归降作为一种军事行为，只能由玉门关进入。这也从侧面反映出，玉门关是具有军事性质的关隘，那么玉门关为"北门之关"的说法是有一定道理的。

两汉时期，玉门关不仅是中原王朝守卫边塞的军事关隘，同时也是古丝绸之路南北两道通往西域的咽喉要道。《汉书·西域传》云："自玉门、阳关出西域有两道。从鄯善傍南山北，波河西行至莎车，为南道。南道西逾葱岭则出大月氏、安息。自车师前王廷随北山，波河西行至疏勒，为北道。北道西逾葱岭则出大宛、康居、奄蔡焉。"

今天我们提出共同建设"一带一路"的倡议，也正是基于历史时期丝绸之路的开拓与对外交流。随着我国同丝路沿线国家的联系逐渐加强，古丝绸之路将会迸发出新的生命力。而以玉门关为首的丝路咽喉，也必将在"一带一路"的建设中彰显它的文化价值，为丝绸之路经济带的发展注入新的活力。

第二节　阳关

文物简介

木简一枚（简号Ⅰ90DXT0112②：79），1990年出土于悬泉置遗址。该简完整，长23.5厘米，宽0.9厘米，厚0.3厘米，红柳材质。正面单行书写。此简为邮书刺，主要记载了元始二年（2年）三月二十八日，敦煌阳关都尉"实"上报朝廷的文书传递至悬泉置时进行交接的记录。该简现藏甘肃简牍博物馆。

简牍释文

入西绿纬书一封。敦煌阳关都尉臣实上。绿纬、缘满、署皆完，纬两嵩（端）各长二尺。元始二年三月庚辰，县（悬）泉啬夫长受遮要御牛康。

简文大意

这枚简明确地记载了敦煌阳关都尉上报朝廷邮书的包装情况、邮书到达悬泉置的时间和交接人员的情况。简文前一段记载了敦煌阳关都尉"实"给朝廷上书的邮件外部包装情况，即"绿纬、缘满、署"都是完整的，其中"纬"的两端各长二尺。后一段是该邮书在汉平帝元始二年（2年）三月二十八日，

图2-4　悬泉汉简
Ⅰ90DXT0112②：79

由遮要置御"牛康"递送给悬泉置啬夫"长"的记录。

关于汉代重要邮书的包裹情况，马怡认为应当具备三种物品：书囊（书衣）、系绳（用于捆扎和封缄）、木检（用于题署和封缄）。这枚简中记载的"绿纬"，即用绿色的箧或囊盛装信件，"纬"就是指装文书的囊袋，"纬"通"帏"字也。《说文·巾部》："帏，囊也。从巾，韦声。""纬""帏"二字，声旁"韦"相同，形旁"巾""糸"可互换，二字可通。此处"缘"字可能是"线"的异体字，指将装妥文书的书囊与木检捆扎在一起并加封的系绳。署，指有题署的木检。《释名·释书契》云："检，禁也，禁闭诸物，使不得开露也。"检多以木制，可题写文字，用来说明文书的收寄人等事项。

简文中的阳关都尉，是汉代敦煌郡下设的阳关都尉一职。《汉书·地理志》敦煌郡"龙勒县"条下云："有阳关、玉门关，皆都尉治。"

阅读延伸

西出阳关——西汉时期的阳关

阳关，作为汉王朝防御北方游牧民族的重要关隘和丝绸之路南道通往西域的重要门户，与玉门关南北呼应，成掎角之势，构成了河西走廊西端的两扇大门。关于汉代阳关的具体地望，历来争论已久，众说纷纭。目前学界主流的看法有"红山口"和"古董滩"说。

清代编纂的《钦定皇舆西域图志》有乾隆皇帝御制的《阳关考》一文，认为"阳关、玉门关均在党河之西。阳关西而偏南，故以阳名，详核形势正应在今党河西南，与红山口相近"。1944年西北科学考察团也曾到访此地，向达先生考察时写道："红山口两山中合，一水北流，往来于两关者在所必经，阳关适在口内，可以控制西、北两路。"此二者即"红山口说"之代表。

劳榦先生根据《元和郡县图志》和《太平寰宇记》等唐宋地志的记载，

发现阳关距寿昌故城 3 千米，而阳关是通西域大道所经，所以必是临着大道，在大道沿线；再根据与寿昌故城相距 3 千米推算来看，只有古董滩一处遗址。随后，侯仁之先生在考察敦煌南湖绿洲时，同样将阳关关址定为南湖古董滩处，李并成先生在多年的实地考察后也持相同观点。

目前，由于尚未对阳关故址进行考古发掘，加之出土简牍的记载又寥寥无几。在此，我们暂且不论二种说法孰对孰错，先来透过史籍中的只言片语，看看汉代的阳关究竟是什么"样貌"。

唐人李吉甫在《元和郡县图志》中说道："阳关，在（寿昌）县西六里。以居玉门关之南，故曰阳关。本汉置也，谓之南道，西趣鄯善、莎车。"又敦煌文书 P.5034《沙州图经》记载："阳关，东西廿步，南北廿七步。右在县（寿昌）西十里。今见破坏，基趾见存，西通古于阗等南路。以在玉门关南，号曰阳关。"唐代寿昌县城即汉代龙勒县故城，可以肯定的是阳关在汉龙勒县以西，至于具体是"六里"还是"十里"，则可能是计算的起止点不同（侯仁之先生的解释）。另外，根据《沙州图经》的记载，唐代时阳关已经遭到破坏，仅存地基可寻。唐人所见的阳关城址有"东西廿步，南北廿七步"。李正宇先考证唐代每步五尺（大尺），则关城东西宽约为 100 尺，折合公制为 33 米；南北长 135 尺，折合公制为 41 米，阳关关城面积为 1 353 平方米。这个面积对于汉代的故城遗址来说，已经相当于一个县级政区治所的规模。

那么西汉时期阳关与玉门关两者之间的驻防关系又如何呢？西汉时敦煌郡辖境共有四个都尉，北部自西向东分别是玉门都尉、中部都尉和宜禾都尉，南部有阳关都尉。玉门都尉和阳关都尉分别位于敦煌郡西北和西南处，其设置目的十分明确，就是围绕敦煌郡西部设置的半弧形防御体系，以保护敦煌郡不受北边匈奴和南边羌氏的侵扰。而阳关都尉所属的塞防，是以南北走向的堑壕为主。李并成先生调查认为阳关至玉门都尉（小方盘城）间存在南北向烽线一列，皆以土墼或夯土夹压芦苇砌筑。这一南北向烽线将阳关和玉门关连接起来，并向东到敦煌郡城，向西到

图 2-5　敦煌阳关遗址

罗布泊亦有烽线相连。此外，与阳关都尉防区最为紧密的就是玉门都尉下属的大煎都候官，二者大致以 D86（T18a）与 D87（T18b）之间的堑壕为分界线。如敦煌马圈湾汉简中就有新莽时期阳关司马与大煎都候官往来的文书记载：

☒☐二封☐☐阳关司马诣大煎都居摄元☒

大煎都候官作为玉门关西面的重要军事组织机构，其防线与阳关都尉辖区相接，往来也较为频繁。也就是说玉门关与阳关并不是独立存在的，此二关应该是互相配合监察往来出入敦煌的人员，因而它们之间保持着紧密的联系。

同时，悬泉汉简中也有阳关都尉与中部都尉之间往来文书的记载：

阳关都尉明上书一封。甘露元年十一月丁酉。日中时县泉译骑道受平望译骑☐，到日中付万年译骑。

这条简文记载了阳关都尉"明"的上书，在平望驿骑交付悬泉置后，由悬泉置派人送到万年驿骑。平望驿骑是中部都尉下属平望候官设置的邮传机构，从这枚简传递的过程来看，猜测这封文书的内容应该是与军务相关。

关于西汉阳关都尉的管辖范围，吴礽骧先生研究认为是从阿尔金山主峰以东，阿尔金山脉与祁连山脉接合部北坡，西起今甘肃阿克塞哈萨克族自治县的多坝沟，经敦煌县南湖乡，东止于党河口以东的拦河坝附近（汉代敦煌县与龙勒县分界的破羌亭遗址）。由于阳关都尉府及其所属的烽燧遗址未经考古发掘，地下出土资料不多，因此目前我们对于阳关都尉的建制知之甚少。从敦煌出土的悬泉汉简来看，目前已知阳关都尉下辖有"雕秩候官"和"博望候官"，至于各候官下属的"候长""隧长"具体名称，则需要等待更多考古发掘资料来补充。

《汉书·西域传》中记载"自玉门、阳关出西域有两道"，其中阳关是丝路南道通往西域的首站。两汉时期阳关的交通环境相对安全，又邻近南湖绿洲与龙勒县，在交通和贸易上与玉门相比，始终处于有利位置。因此，往来使者、商旅常常会选择经阳关往来于中原和西域地区。张德芳先生通过史籍和出土汉简的记载，勾勒出汉代经南道通往西域途中的国家名称和路线，即以敦煌为起点，经阳关依次到达鄯善—且末—精绝—扞弥—于阗—皮山—莎车—蒲犁—大夏。与此同时，《汉书·西域传》中通往西域诸国的里程都明确以阳关为起点，可见阳关作为汉帝国沟通西域诸国的重要关隘，已经成为西域诸国前往敦煌的路标和参照。

向达先生说"唐人于役西陲者，尤喜以之入于吟咏。是故两关不仅在中外交通历史上有其地位，即在文学上亦弥足以增人伤离惜别之情"。东汉以来，阳关在历史的洪流中逐渐湮灭，但它并没有被世人遗忘，而是作为诗词中具有独特内涵的文学意象，引得文人墨客千百年来魂牵梦萦、反复吟唱，把雄关的沧桑留在了不朽的文字里。不论是"劝君更尽一杯酒，西出阳关无故人"的沛然离别，还是"谁人更唱阳关曲，牢落烟霞梦不成"的避世苦吟，阳关在历史的更替中，褪去了战争的残酷沉重，多了几分对生命的释怀与平和，将浓郁的情感寓于不同心境之中，为后世传唱。

第三节　肩水金关

文物简介

木简一枚（简号73EJT24：19），1973年出土于肩水金关遗址第24号探方中。该简完整，长19厘米，宽2.6厘米，厚0.6厘米，胡杨材质。此简双行书写，从简文内容来看当为出入关符的一种。该简现藏甘肃简牍博物馆。

简牍释文

橐他候官与肩水金关为吏妻子葆庸，出入符齿十从第一至百。左居官右移金关，葆合以从事。　第卅一（左侧有刻齿）

简文大意

此简为橐他候官制作的出入符，形制与一般出入符类似，长约六寸且有刻齿。内容包括具体机构、出入对象与事项（吏妻子葆庸）、序号范围（从一至百）、

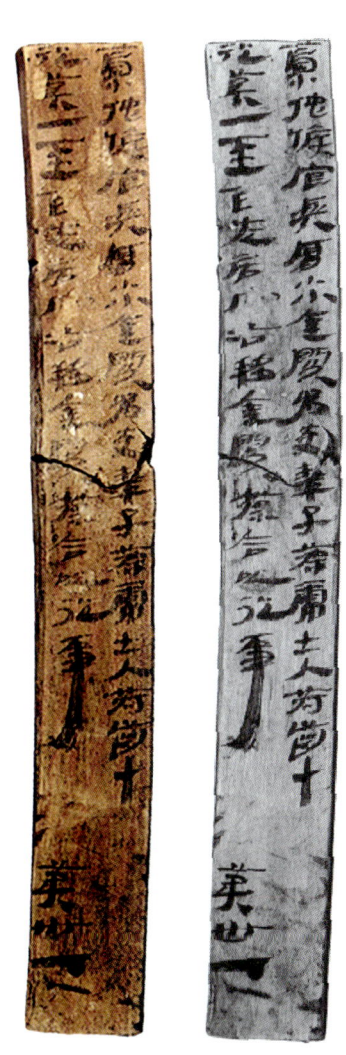

图 2-6　肩水金关汉简家属出入符

具体编号（第卅一）以及"左居官右移金关"字样。李迎春认为此简虽无明确的时代信息，但根据其形制、文例特点与昭帝中期"出入六寸符"的一致性，认为其使用时代较早，大概仍属昭帝时期。具体到这枚简来看，当为吏妻子及葆庸的出入符。这里的"葆"有担保、质保之意，同时"葆"与吏妻子、庸等并称，显然是一种身份，葆与庸应该都是吏妻子的一种私人随从。

所谓出入关符，即出入关塞的凭证，其长度大致为汉代六寸，约合今14厘米。《史记·秦始皇本纪》载："数以六为纪，符、法冠皆六寸。"《说文》："符，信也，汉制以竹长六寸，分而相合。"由此可知，汉承秦制，同样以六寸为"符"的长度。同时，从对出土简牍中"出入符"的认识来看，出入符的侧面皆有缺口刻齿，也即所谓的"符齿"。符券刻齿，既可用以合符，又起区分左右的作用。简牍所见出入符，皆左符留存，如上所举"左居官右移金关"即是如此。

阅牍延伸

汉代的肩水金关

肩水金关位于今甘肃金塔县航天镇北，弱水东岸100米处的遗址（A32），又称为"金关"，隶属肩水都尉下辖的肩水候官。汉代在弱水中下游地区设有肩水都尉和居延都尉，居延都尉处北，在弱水（今额济纳河）下游，下辖甲渠塞、珍北塞、卅井塞，其南部的肩水都尉统辖肩水塞、橐他塞和广地塞。肩水金关是汉代进出河西、南北交通的咽喉，其与北部的卅井塞悬索关对立而设，互为掎角，取名金关，则有"固若金汤"之意。

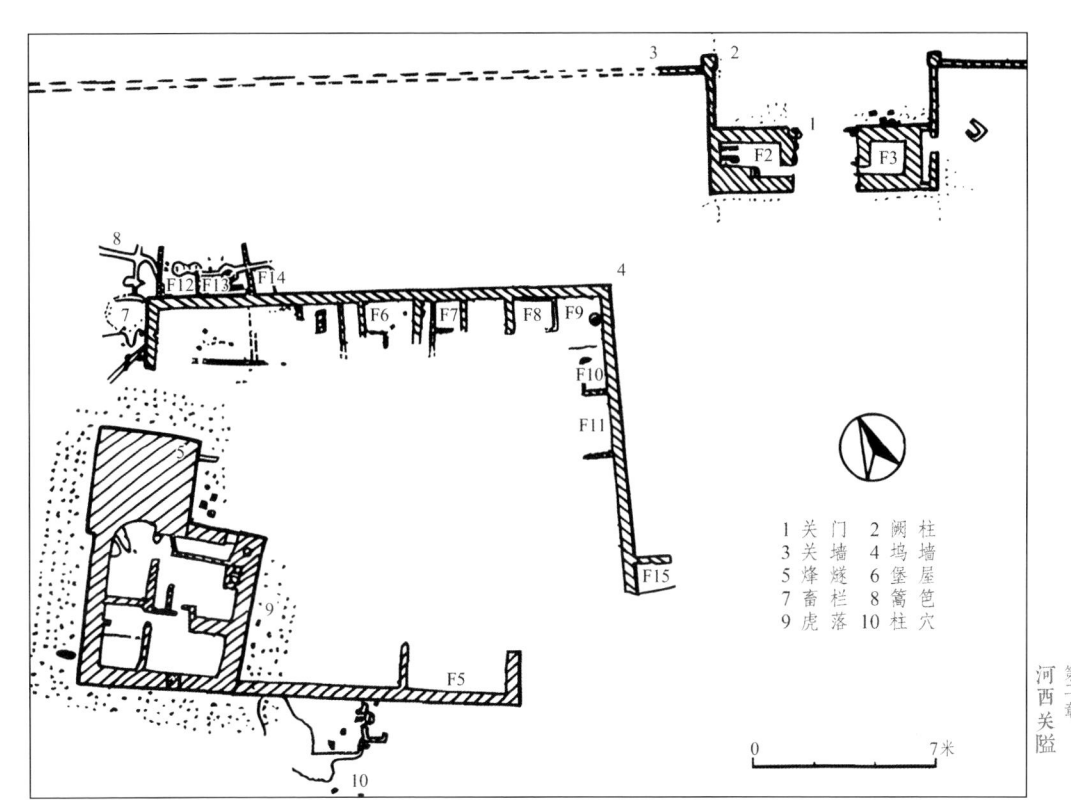

图 2-7　肩水金关遗址平面图

1　关门　　2　阙柱
3　关墙　　4　坞墙屋
5　烽燧　　6　堡
7　畜栏　　8　笆穴
9　虎落　　10　柱

1930 年西北科学考察团在此试掘 5 个地点，并编号 A32，出土汉简 800 余枚，这些简牍书写时间集中在西汉昭帝始元五年（前 82 年）至哀帝建平三年（前 4 年）之间。1973 年 8 月，甘肃居延考古队对遗址进行全面发掘（发掘代号"EJ"），共获得简牍 11 577 枚，出土实物 1 311 件，无论是出土简牍还是出土器物，较之以往均更为丰富。

肩水金关遗址现存主体建筑为关门，关门外存有两座对峙如阙的长方形夯土版筑楼橹。关门内则有坞院、堡屋、马厩等，在关门内外和阙柱外侧，排列有正方形的虎落用以布防。根据出土简牍的记载，至迟在汉昭帝时期就已称之为"金关"或"金关燧"，同时由于肩水金关地处张掖郡通往居延都尉府的交通咽喉，兼有关口、邮驿、候望等多种职能，因此是汉代河西地区的军事重地之一。

图 2-8 "肩水金关"木简

从出土汉简中记载的邮驿记录来看，肩水金关隶属肩水都尉府管辖，金关西距"肩水都尉府"（大湾城 A35）驻地 6 000 米、南距"肩水候官"（地湾城 A33）驻地 700 米，三者相互联系，且肩水金关位于肩水都尉府与肩水候官之间，地理位置十分重要。

这些肩水金关出土的简牍，涵盖了汉代居延边塞物品买卖、戍卒劳作、戍边生活等方面内容。其中大部分都是吏民出入金关的登记许可的记录和通关文书的副件，以及金关与居延都尉府、肩水都尉府之间的往来文书等。

图2-9 汉长城肩水金关遗址示意图

（1）元延三年四月吏民出入关致籍

　　　元延三年四月吏民出入关致籍

（2）☐元延三年正月吏

　　　民出入关致

（3）卒南阳杜衍利阳里公乘陈副年卅五长七尺二寸　丿　出

（5）治渠卒河东汾阴承反里公乘孙顺年卅三　出

（6）卒南阳山都习里公乘扁登年卅六长七尺二寸　丿　出

（7）☐保同县临池里大夫潘忠年廿三长七尺二寸　入

（8）戍卒颖川郡傿陵邑步里公乘舞胜圣年卅黑色中长七尺四寸　丿

（9）子大夫可年十四长六尺黑色

（10）万岁里公乘藉忠年卅八　为姑臧尉徐严葆与严俱之官　正月庚午入　丿

简（1）（2）为"吏民出入关致籍"木楬。致籍是记载出行者及其车马、物品的明晰文书，多由出行者携带至关口，将原件留下，返程时据关口留存证件通行，用以供关吏核查持传符者身份信息是否相符，关吏也会将"致籍"定期归纳存档，同时将"楬"（即签牌）挂在所属对应的简册上，写明简册内容以便今后查找。简（3）至（10）均为记载吏民出入金关的信息，其记录内容尽可能详尽，包括籍贯、爵位、姓名、年龄、身高、肤色、出关和入关时间等基本信息。钩校符号"丿"的标注使用，用以清楚核验出入关者身份信息。

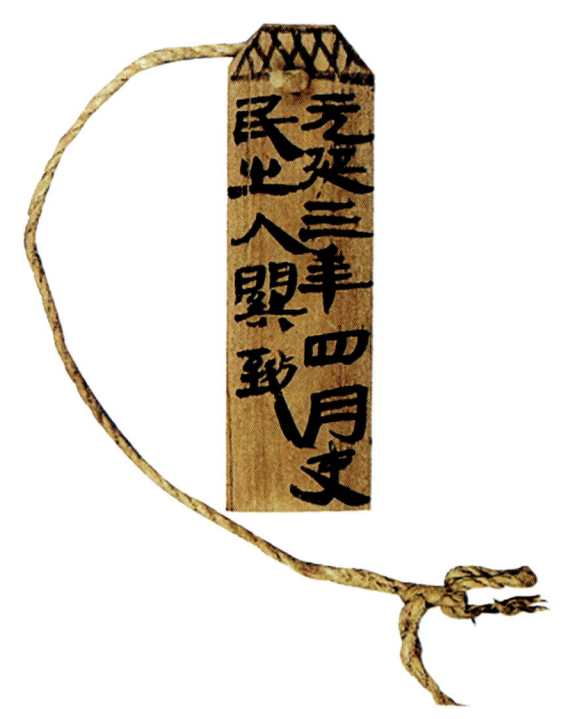

图2-10　"元延三年四月吏民出入关致"木楬

肩水金关汉简中还有一类出入关的文书，即"符"。其中，金关出土的主要为"家属符"。一般而言，家属出入符多由申请人所在"部"制作，提交候官审核后，由候官送到金关；使用时剖开的符一半放在金关，另一半由戍卒家属持有，一侧有刻齿，过关时需要合符查验，并登记出入关口的信息，并录入相应的出入关名籍。如下举简例：

（11）橐他南部候史虞宪　　　　　母昭武平都里虞俭年五十
　　　　　　　　　　　　　　　　妻大女丑年廿五

　　建平四年正月家属出入尽十二月符　子小女孙子年七岁　大车一两
　　　　　　　　　　　　　　　　　　　　　　　　　　　用牛二头

　　　　　　　　　　　　　　　　子小男冯子年四岁　用马一匹

图 2-11　橐他南部候史虞宪家属出入符

此简为汉肩水金关遗址出土的家属符，家属符是边塞吏员家属在出入关卡时所需出示的凭证。这枚家属符从文字记载来看，显然为肩水都尉府橐他塞南部候史虞宪家属的出入关符，"符"上明确标注了虞宪家庭的具体信息，包括其家属住所地和家庭成员之间的关系、姓名、年纪等信息，并且还标明"符"的使用时效为建平四年（前4年）正月至十二月。同时，符的右侧还存有刻齿，用以核验时标记识别，防止私自篡改。

（12）千秋隧长辛匡　诣府　　八月廿六日南入九月廿四日出

此简为肩水金关关吏记载"千秋燧长"的一份出入肩水金关记录。千秋燧辖区位于肩水都尉府橐他塞中部，而橐他塞又位于肩水金关和肩水都尉府之北。从简文记载来看，由于千秋燧长需"诣府"即前往肩水都尉府，因此他由八月二十六日从北向南进入肩水金关后，于九月二十四日返回橐他塞千秋燧中，符合两地相对位置。郭伟涛观察图版后提出，简文中"八月廿六日南入"与"九月廿四日出"笔迹各不相同，推测此简当为出入关致书附牒原件，关吏在该简上分别填上出、入信息。

再如下面这枚居延骑士通过肩水金关的记录，为我们生动呈现了两千多年前新莽时期对外关系的真实场景。

（13）☐☐二年十一月癸亥朔壬辰，居延守宰城仓守宰诩、守丞习移肩水金关：遣骑士史永等百二十人，以诏书持兵马之西或（域），卒马十二匹，名如牒，书到出入，如律令。

居延丞印

　月三日入　　　　兼掾永守令史党

此简为居延丞签发的通关文书。结合简文"以诏书持兵马之西域"的记载，郭伟涛认为此简内容当与额济纳汉简《始建国二年诏书》内容联系，同样与新莽始建国二年（10年）朝廷用兵西域及匈奴的政策有关。具体到这枚简来看，新莽始建国二年十一月，居延县接到朝廷诏书后派遣一百二十名骑士前往西域，而从居延县向南则必须经肩水金关。当居延骑士们到达金关后，再由关吏按照通关凭证信息进行身份核验后放行。

据《汉书·西域传》和《匈奴传》记载，始建国二年（10年），车师后王"须置离"谋划背叛新莽逃入匈奴，事情败露被杀后，车师后王之兄"狐兰支"率领二千余人"驱畜产"，举国向匈奴归附称臣。与此同时，车师后王联合匈奴共同向西域都护府发起进攻。正是在这种背景下，王莽集中河西兵力，向西域集结，以稳定西域政局。此简中的一百二十名居延骑士，当为接到诏书后奔赴西域驰援的一支力量。

此外，金关作为边塞关口，除了承担着严格检查出入边关吏民的责任，还承担着禁备盗贼的职责。

（14）☐☐☐关以主出入吏民，禁备盗贼。

从汉代居延地区塞防走向来看，肩水金关的设置居于额济纳河中游，符合据水为险、倚水设关的特点。金关不仅作为汉代居延地区战略防御的重要节点，还牢牢把控着弱水流域绿洲，将匈奴驱赶在外，在汉代居延地区的政治战略布局、军事防御以及河西开发等方面发挥了极其重要的作用。

第四节　居延悬索关

文物简介

木牍一枚（简号73EJT6：39AB），1973年出土于肩水金关遗址。该牍下端残断，长21.8厘米，3.3厘米，厚0.6厘米，松木材质。此牍正面双行书写，反面单行书写，根据文书内容判断此牍当为"私传"，即因私事出行持用的通行证。出行者首先必须向所在乡提出申请，经乡政府审核通过，报请所在县批准后发放。该木牍现藏甘肃简牍博物馆。

简牍释文

□嘉二年七月丁丑朔丁丑，西乡啬夫政敢言之：成汉里男子孙多牛自言为家私市居延□传。谨案：多牛毋官狱征事，当得取传。谒移肩水金关、居延县索关：出入毋苛留止□七月戊寅觻得长守丞顺移肩水金关、居延县索：写移书到，如律令。／掾尊守□□

觻得丞印□

简文大意

此简年号虽有残缺，然根据朔闰表和仅存的"某嘉"年号不难推断复原出为汉成帝"鸿嘉二年"（前19年），检朔闰表当年七月确为丁丑日朔（初一）。根据传书的申请程序可知，此传为张掖郡觻得县成汉里孙多牛向觻得丞申请前往居延"私市"，由于从觻得县前往居延县要先后经过肩水金关和悬索关，因此觻得县廷在传书中明确指出这两个关口，并希望不要过于苛刻地盘问扣留。

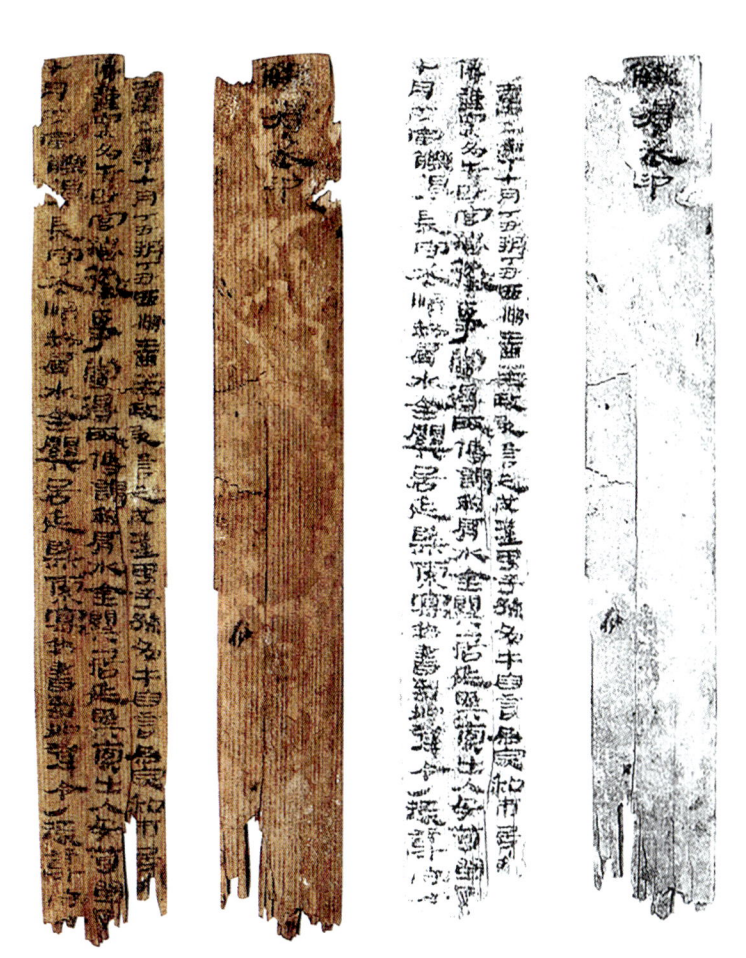

图 2-12　肩水金关汉简私传

《释名·释书契》:"传,转也,转移所在执以为信也,亦曰过所,过所到关津以示之也。"汉代的"传"即津关通行证,有"公传"和"私传"之分。李均明先生指出:公务用传即公传,通常由当事人所在的县级机构或县级以上乃至朝廷颁发,传文中有关于公务待遇的说明,朝廷颁发的公务用传常设有序码。私事用传则是因私事出行持用的通行证,有一定的申请报批程序;出行者首先必须向所在乡提出申请,经乡政府审核通过,然后报请所在县批准发放。私传须盖有县令、丞或相当等级的官印才有效。

阅牍延伸

神秘的悬索关

悬索关是汉代在居延地区所设的两座关隘之一。悬索关在居延汉简中常写作"县索关""三十井县索关""卅井县索关"或"卅井关"等,属张掖郡居延都尉府卅井塞所辖,其与肩水都尉府广地塞毗邻。

在居延汉简中,"县(悬)索"常作为边塞守御设施出现。如著名的《候史广德坐罪刑罚檄》(文物编号 EPT57:108)记载了候史广德所监督的各个烽燧管理中存在的问题,其中就有对于"悬索"的检查内容,如简文记载:

- 第十三隧……积薪皆卑,县索缓;
- 第十四隧……天田不画,悬索缓;
- 第十五隧……天田不画,县索缓;
- 第十六隧……天田不画,县索缓;
- 第十七隧……柃柱廿不坚,县索缓;
- 第十八隧……天田不画,县索缓。

缓,有松弛之意。简文中所谓"悬索缓"就是说作为军事防御设施的绳索已经松弛,无法起到有效的拦截警示作用。悬索作为汉代居延边塞的守御设施,常与天田、柃柱配套使用。悬索也就是绳索,在汉代居延边塞布防时,将悬索系在天田旁的柃柱(木桩)上,拉紧绳索后起到拦截示警和侦知敌人出入的作用,其效果类似于我们今天所使用的铁丝

图 2-13 候史广德坐罪刑罚檄

网。因此，以"悬索"命名这座位于居延卅井塞的边关，当与防御和洞察匈奴敌情相关。那么悬索关究竟在哪呢？

据陈梦家先生考证，汉代居延卅井塞有三条塞防烽燧：一是从伊肯河东岸的布肯托尼（A22）到故居延泽南端下的博罗松治（P9），这里有一条沿河东北斜向沙碛中伸展出的塞墙，约60千米长，共有32个烽台，烽台之间相距约为2千米。其中东段从博罗松治（P9）至牟斯山（T135）约40千米，在北纬40°31'之北，成一弧形线，其间如T126尚存塞墙残迹；西段自牟斯（T135）西南斜行至布肯托尼（A22）约20千米，在北纬40°41'之南，有保存较好的塞墙。另外两组烽台或亦属此塞：一条位于卅井官西北，T112—116和P8，六烽台列成一线；另一条位于布都布鲁克（T21）东，T110与T111，二烽台孤立。

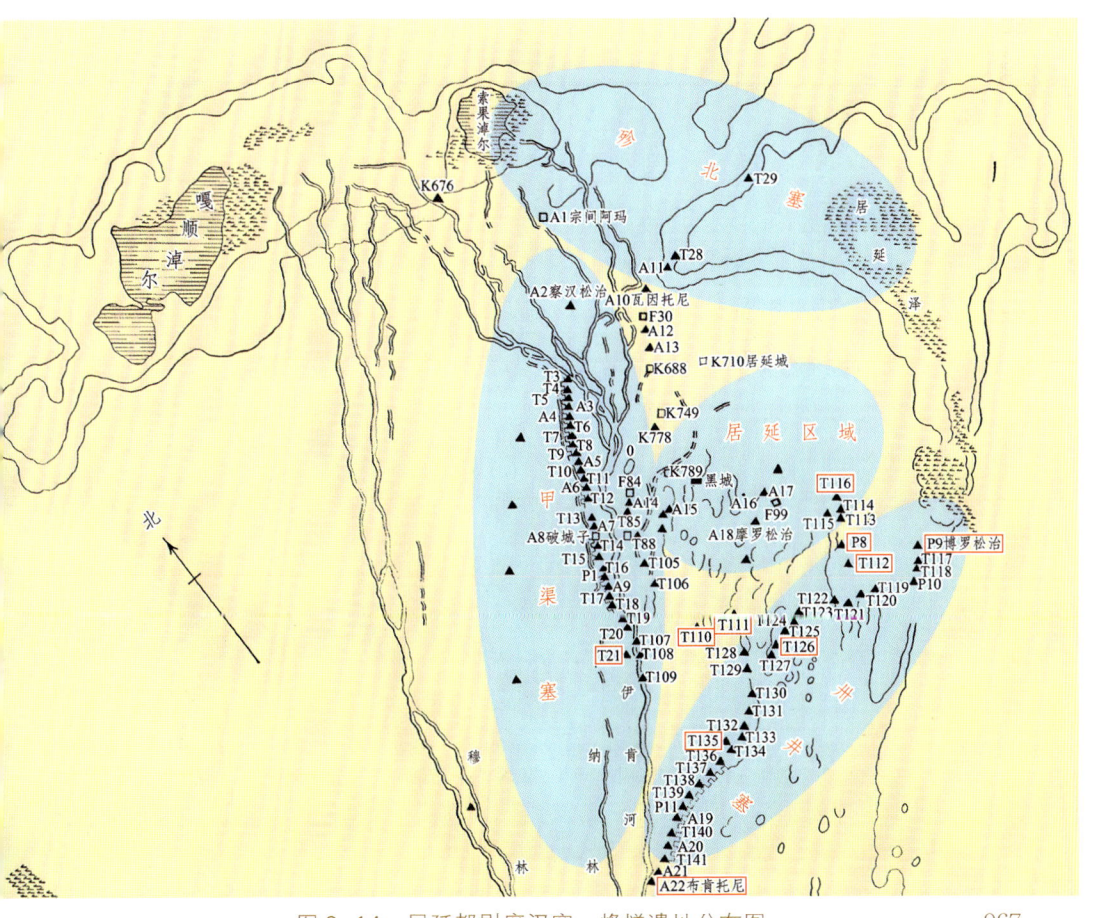

图 2-14　居延都尉府汉塞、烽燧遗址分布图

再从居延汉简《塞上烽火品约》记载来看,悬索关为居延都尉卅井候官所辖的一个重要关隘,其关门外有道上燧、天田,附近又有诚势燧和诚势北燧:

・匈奴人渡三十井县索关门外道上隧,天田失亡举一蓬、坞上大表一燔、二积薪,不失亡毋燔薪,它如约。
・匈奴人入三十井诚势北隧县索关以内,举蓬燔薪如故。三十井县索关诚势隧以南,举蓬如故,毋燔薪。

图 2-15　居延新简《塞上烽火品约》

《塞上烽火品约》1974年8月出土于居延甲渠候官遗址第16号房址内，详细记载了居延地区殄北塞、甲渠塞、卅井塞遇到匈奴来犯时，根据不同情况发出不同的烽火警报信号的法律规定。李并成先生根据《烽火品约》及其他相关史料和多次实地考察，认为悬索关位于今额济纳旗人民政府驻地达来库布镇西南70千米处、黑河（额济纳河）下游的布肯托尼（A22），恰处于古居延绿洲的南端点。这一结论显示悬索关在汉代居延军事战略布局中处在关键节点，凸显了其在居延边塞防御体系中的重要地位。

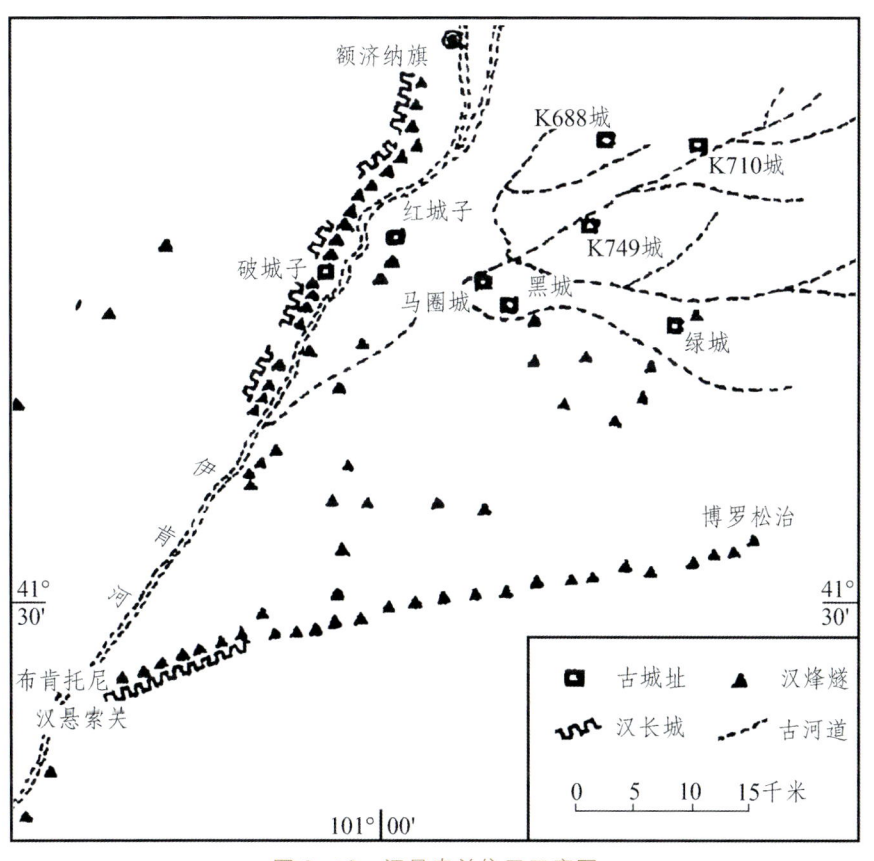

图 2-16　汉悬索关位置示意图

与肩水金关职能类似，悬索关矗立在居延边塞，把守着张掖郡和肩水都尉府与居延都尉府（居延县）往来的通道，在两汉时期居延边防体系的建设与运转中起到对外防范匈奴入侵，对内控制人员、物资的流通等重要作用。

（1）☐之移居延卅井县索关门，遣从史宪归取迎衣，用居延乘轺。

（2）☐移肩金关、居延卅井县索关，书到，出入如律令。

　　　肩仓小官印，啬夫当发，守啬夫宏。

（3）六月己卯，昭武长谭丞移肩水金关、居延县索关，写移书到，出入所部如律令。／掾寿守☐☐

（4）四月戊戌，会水丞并移肩水金关、居延县索关，写移如律令。／掾嘉、守令史放。

（5）绥和二年四月己亥朔癸卯，守城尉赏移肩水金关、卅井县索关，吏自言，遣所葆……

　　四月乙巳北　　白发君前

以上例举简牍均出自肩水金关遗址，文书内容均涉及出入居延悬索关。从简文记载来看，简（1）记载了"宪"要通往居延卅井悬索关关门处迎取衣物，并使用居延县轺车的记录。简（2）为肩水仓签发的通关文书的记录。简（3）（4）分别为张掖郡昭武县和会水县签发通过肩水金关和居延悬索关的传文。简（5）记载了汉成帝绥和二年（前8年）四月初五日（癸卯日）官方签发的出入关传，乙巳日（两天后）在通过金关并由金关关吏记录通关信息后继续北行，直至下一处关口卅井塞的悬索关。

需要特别指出的是，汉代在居延这样重点把控的区域，"私传"的申请和使用在简文中经常出现，如下简记载：

（6）建平元年四月癸亥朔□□，□水守城尉赏移肩水金关、居延县索关。吏自言，遣所葆为家私使居延，名县里年姓，如牒书，出入如律令。

佐忠

（7）永始五年闰月己巳朔丙子，北乡啬夫忠敢言之：义成里崔自当，自言为家私市居延，谨案自当毋官狱征事，当得取传。谒移肩水金关、居延县索关，敢言之。闰月丙子，觻得丞彭移肩水金关、居延县索关。书到，如律令。掾晏、令史建。

此两枚简均出土于肩水金关遗址，且同样为因"私事"而申请通关前往居延较为完整的记载。简（6）为汉哀帝建平元年（前6年）肩水守城"赏"因私事申请前往居延的"私传"，从肩水城前往居延则需先后经过金关和悬索关两道关口。简（7）的书写时间写为汉成帝永始五年正月初八，实际上永始年号仅使用四年，简文所谓永始五年当为"元延元年"（前12年），这种现象或因居延偏远，政令还未通达所致。在此简中，涉及的"私传"是张掖郡觻得县义成里崔自当，因需前往居延地区"私市"，向其所在的北乡提出申请后，由北向啬夫对其进行审查，并由乡级吏员得出"毋官狱征事，当得取传"的审查结果后，再交由觻得县丞"彭"，最终获得前往居延县"私市"的通关许可。

从这两个简例中我们可以看到汉代"私传"文书的书写格式大致包括三个部分：第一部分是申请人向所在乡一级吏员做出通关申请的"自言"部分，具体是申请人对姓名、年龄、爵位、申请时间和有无案狱诉讼等个人情况做出说明，再由乡啬夫或乡佐、有秩誊写。第二部分是"谒移"，即在文书中注明具体签发时间和所需经过的地点和关津过所等信息，并由县级官吏做出"毋苛留止"、准予通关的批示。第三部分则是经办此传的官员用印签署，由此形成一套完备的"私传"申请流程。

此外，除严格管理出入人口流动，悬索关作为边关抵抗匈奴的前沿阵地，同样还具有传递邮书和烽火示警的功用。

（8）肩水金关、居延县索关隧次行□

子□孙元延三年□丘得，毋有它急如牒□

（9）必行加慎毋忽，督烽掾从殄北始度以□□到县索关，加慎毋方循行□如律令。

（10）吞远候史季赦之。三月辛亥迹，尽丁丑，积廿七日。从万年隧北界，南尽次吞隧南界，毋人马兰越塞天田出入迹。三月戊寅，送府君至卅井县索关，因送御史李卿居延，尽庚辰，积三日不迹。

简（8）出土于肩水金关遗址，内容是要求邮书经过肩水金关和居延悬索关后，按烽燧依次传递。简（9）出土于居延卅井候官治所博罗松治（P9），从文书内容看当为居延都尉府下发的督促烽火警备的文书，要求居延都尉府辖境各烽燧必须严谨慎重对待烽火工作，同时居延都尉府还派遣"督烽掾"从北部防御前线的殄北塞开始督察烽火管理和使用情况，直至居延都尉府辖境南端的卅井塞悬索关。按汉制，"督烽掾"是由都尉府委派驻候官的属吏，其主要职责是督察下级部、燧对烽火器物的管理和使用情况，同时还对下属官吏的不法行为进行督察。简（10）出土于居延甲渠候官破城子（A8），此简为吞远候史"季赦之"在三月巡视天田的日迹簿。其中，季赦之在三月戊寅至庚辰（三日）期间因护送府君（居延都尉）至居延卅井悬索关，以及护送御史前往居延而未参加巡视天田工作的记录。

冨谷至先生在考察金关和悬索关相关汉简后提出：汉代在额济纳河流域设置两个关卡的场所既非处在都尉府边界，也不是汉代边境的最前线，表明这两所关卡的职能未必与军事防御相关。从出土汉简内容来看，金关与悬索关的职责主要是对通关者进行严格检查、严密掌控，其职责重点并不是防备匈奴，而是为了有效管理汉人吏民。

尽管这一说法确实为我们提供了一种新的视角来审视这两所关卡的职能，但这并不意味着它们只具有严格管理汉地人口流动的性质且与军事防御无关，因为从金关汉简中就可以看到其具有的军事职能：

见匈奴人塞外尽日上二蓬；
匈奴人入塞及金关以北塞外丁□见匈奴人尽界十二
匈奴人守亭障不得下燔积薪尽

图 2-17　肩水金关遗址航拍图

此简出土于肩水金关遗址，从书写格式和内容上来看与甲渠候官出土的《塞上烽火品约》相同，或为肩水塞"烽火品约"。此简分别记载了匈奴人在塞外、匈奴人入塞但未进入金关，以及匈奴人侵犯亭障三种情形时的烽火制度。由此条简文和前文所揭简（9）的记载可知，金关与悬索关并非只有管理辖境吏民的职责。从其所处的地理位置来看，此二关倚靠弱水（额济纳河）而立，把控着河西腹地进入居延都尉（居延县）核心区域唯一的邮驿和交通路线。同时，《汉书·地理志》载"自武威以西，本匈奴昆邪王、休屠王地"，张掖郡设置之处本就有"张国臂掖"之意，居延都尉府则犹如一枚楔子，直嵌匈奴腹地。因此，严格把控管理出入居延关塞的人员，有助于确保居延邮路的安全和畅通、维护内部社会秩序稳定运行。

第三章 汉代西北交通网络

第一节　汉代长安至河西走廊的交通邮驿路线

文物简介

此简为木牍一枚（原始编号：74EPF22：325），名为《建武七年窦昭公到高平还道不通军情书》，1974年出土于居延甲渠候官。正背面双行书写，长22.7厘米，宽1.7厘米。此简是汉代官府办公所用的标准"两行"木牍，又简称"木两行"。简文记载了几件不同时期发生的事件，其中有甲渠塞守尉某致掾的记书；有东汉初年割据河西的窦融与初建东汉政权的光武帝刘秀的来往情况。该简对《后汉书》中东汉建武初期河西地区的史事记载有重要的补证价值，现藏甘肃简牍博物馆。

简牍释文

· 范君上月廿一日过当曲，言：窦昭公到高平，还，道不通。·天子将兵在天水，闻羌胡欲击河以西，今张掖发兵屯诸山谷，麦熟石千二百，帛万二千，牛有贾，马如故。七月中恐急忽忽，吏民未安。

图3-1　建武七年窦昭公到高平还道不通军情书

史将军发羌骑百人，司马新君将度，后三日到居延。居延流民亡者皆已得度，今发遣之居延，它未有所闻。·何尉在酒泉，但须召耳。·闻赦诏书未下部·月廿一日守尉刺白掾·甲渠君有恙未来，趋之莫府。

简文大意

结合简文和史料记载，此简书写的历史背景为建武八年（32年）窦昭公（窦融）与光武帝刘秀共同夹击割据天水的隗嚣政权。《后汉书·窦融传》载："（建武）八年夏，车驾西征隗嚣，融率五郡太守及羌虏小月氏等步骑数万，辎重五千余两，与大军会高平第一。"窦融与光武帝刘秀共同出兵攻打隗嚣，双方大军于安定郡高平县汇合，此与简文记载相符合。刘秀大军由长安前往高平的道路史称"高平道"或"安定道"，这也是汉代交通国际的"第一号国道"。

汉代以文书行政，为保证帝国的稳定运行和政令的通达传递，形成了一套以都城长安为中心，以郡县、亭置为节点的全国道路交通网络。甘肃出土简牍中保存了大量汉代河西走廊交通邮驿的记录，为我们揭示了汉代西北交通网络的丰富细节，展现了其在政治、军事、经济和文化交流等方面的重要作用，同时也为我们还原汉代河西走廊的交通路线和社会发展提供了重要线索。

阅牍延伸

汉代长安至河西走廊间的交通邮驿路线

汉武帝时期，在张骞"凿空"西域和霍去病两次与匈奴河西交战后，不仅在政治上奠定了河西走廊的重要地位，还进一步加强了河西走廊与中原王朝的稳定交流和紧密联系。1974年居延甲渠候官遗址出土的《驿置道里簿》（见本书第12页）和1990年敦煌悬泉置遗址出土的《驿置道里簿》（又称"里程简"）两封簿书详细记载了汉代河西走廊各驿置之间的里程数据。若将两簿拼接缀合，可以勾勒出一条从长安出发通往敦煌之间的交通路线。

释文如下：

第一栏：仓松去鸾鸟六十五里，鸾鸟去小张掖六十里，小张掖去姑臧六十七里，姑臧去显美七十五里。

第二栏：氐池去觻得五十四里，觻得去昭武六十二里府下，昭武去祁连置六十一里，祁连置去表是七十里。

第三栏：玉门去沙头九十九里，沙头去乾齐八十五里，乾齐去渊泉五十八里，右酒泉郡县置十一·六百九十四里。

学界对以上两封《驿置道里簿》的研究十分深入，前贤如初师宾、何双全、李并成、张德芳等专家学者都做了大量研究工作，此处不再赘述。本节内容仅就汉代长安至河西走廊间的路线进行梳理，并结合史籍和出土汉简中的相关记载进行补充说明。

历史时期，从长安前往河西走廊的道路大致可以归为北道、南道和羌中道。

北道从长安出发，向北经安定郡高平后折向西北，由媪围渡黄河后过乌鞘岭进入河西走廊；这条路线也与今312国道陕西至甘肃段重合，在出土汉简中也常写作"高平道"。

南道由长安出发，向西沿渭水经今宝鸡、天

图 3-2 悬泉《驿置道里簿》

水、向北经兰州后,过乌鞘岭进入河西走廊,其大部分线路与今"陇海线"陕西至甘肃段相重合。

羌中道虽与南道部分路线重合,但与其直接进入河西走廊不同,羌中道经河湟谷地后沿南山(今祁连山)南麓,通过大斗拔谷(今扁都口)进入河西走廊的张掖。三条道路具体如何行走,下文逐一讲述。

一、高平道

高平道的开通和往来历史较为悠久,《史记·始皇本纪》载秦始皇二十七年(前220年),"始皇巡陇西、北地,出鸡头山,过回中"。秦始皇在完成统一霸业后的第二年,向西巡行陇西郡,在完成巡行后则经北地郡,过鸡头山(今六盘山脉),走回中道(今贯穿于甘肃华亭市、宁夏泾源县的六盘山与太统山之间的通道)返回咸阳。到了汉武帝时,《汉书·武帝纪》载元鼎五年(前112年)武帝"冬十月,行幸雍,祠五畤。遂逾陇,登空同,西临祖厉河而还"。汉武帝所走路线,同样是由都城长安出发后经过陇坻(今六盘山)、翻越崆峒,再从高平(今宁夏固原)前往祖厉河(今靖远县境),最后返回长安。

出土汉简中也存在不少有关"高平道"的记录,可以印证这条"国道"的存在:

图3-3 肩水金关汉简
73EJT21:1

皇帝玺书一封，赐使伏虏、居延骑千人光。

制曰：骑置驰行，传诣张掖居延使伏虏、骑千人光所在毋留，留二千石坐之。

•从安定道。元康元年四月丙午日入时，界亭驿小史安以来望□行。

此简出土于肩水金关遗址，为肩水金关保留下来的皇帝玺书出入记录。所谓"玺书"即皇帝下发的文书，在传递的过程中为确保文书的安全和保密，通常用绳子将简册系上后，再用泥封固，钤以皇帝印玺。此简记载的是皇帝发出一封诏书，赐予使伏虏、居延骑千人光，要求文书传递者骑快马将文书送抵张掖郡居延。值得注意的是，这封由皇帝下发的诏书送往居延的漫长路程，强调从长安出发取道安定郡高平县这一"国道"前往居延。

此外，2002年内蒙古额济纳旗汉代烽燧遗址出土了一枚残简，书写记录了由泾阳至高平之间的道里路程：

泾阳到蓣百里泾阳到高平百□

《汉书·地理志》安定郡条载："泾阳，开头山在西，《禹贡》泾水所出，东南至阳陵入渭，过郡三，行千六十里，雍州川。"泾阳在今平凉市崆峒区泾河川一带，是泾河的源头；"开头山"又作"笄头山"，就是今天的崆峒山。此简虽然残断，然据居延《驿置道里簿》"泾阳至平林置六十里，平林置至高平八十里"，可补此简为"泾阳到高平百四十里"，这段道路仍属"高平道"的主干路线部分。由此亦可见，秦汉时期从关中前往河西地区多采取北道。

二、"天水—金城"道

汉代从长安前往河西的另一条通道则大致沿今陇海铁路，经关中以西的宝鸡、天水，再沿渭水西行，经陇西、兰州渡过黄河后，溯乌逆水、翻越乌鞘岭后进入河西走廊最东段的武威，再循河西走廊前往各处。悬泉汉简中就保留了对这条路线的记载：

陇西、天水、金城、武威、张掖、酒泉、敦煌、□□、东海、琅邪、东来、勃海、济南、涿、常山、辽西、上谷郡。为驾一封轺传。有请诏。外百卅五。御史大夫望之下渭成，以次为驾，当舍传舍，如律令。

这是敦煌悬泉置对于朝廷下发传信的记录，这封传信由御史大夫签发后自渭城开始传递。其中涉及凉州刺史部的传递路线依次为"陇西—天水—金城—武威—张掖—酒泉—敦煌"，由此可见，取道"天水—金城"进入河西走廊的路线也是当时较为常见的选择。

敦煌悬泉置遗址中还出土了一枚以悬泉置为中心，记载了其与凉州境内州县以及与长安之间的路程走向和里程数据的简牍。

张掖千二百七十五，冥安二百一十……
武威千七百二，安定高平三千一百五十一里。　三……　A
金城允吾二千八百八十里，东南。东南去刺史□三千……一八十里……
天水平襄二千八百卅，东南。长安四千八十　B

此简以悬泉置为中心，记录了与之相关的八个地点的里程，除"刺史"下数字漫漶不清外，其余皆可准确换算。若以1汉里约今415.8米进行换算，则悬泉置距张掖郡530千米，距冥安县90千米，距武威郡707千米，距安定郡高平县1 293千米，距金城郡允吾县1 197千米，距天水郡平襄县1 176千米，距长安1 696千米，这与今日之道里状况基本吻合。

图 3-4　莫高窟第 323 窟《张骞出使西域图》

三、羌中道

羌中道，即从今甘、青交界之湟水西溯，穿行于古羌人聚居地，或北出今祁连山、抵张掖与河西大道交接，或复西进，出柴达木西缘，至新疆若羌、且末直接通连西域南道。作为河西丝路的重要辅线，羌中道的开辟最早可追溯至张骞"凿空"西域之时。《史记·大宛列传》载张骞首次出使西域"从月氏至大夏，竟不能得月氏要领。留岁余，还，并南山，欲从羌中归，复为匈奴所得"。汉代南山即今河西走廊南侧的祁连山，张骞在出使月氏未能达成目的后，想要从祁连山南麓走"羌中道"返回长安，却不料被匈奴发现抓捕。在成功逃脱匈奴、返回汉朝后，张骞向武帝建言："今使大夏，从羌中，险，羌人恶之；少北，则为匈奴所得；从蜀，宜径，又无寇。"（《汉书·张骞传》）通过初次出使西域的经历，张骞为汉武帝提供了三条通往西域的道路：其一是走"羌中道"，不过此处由羌人把控，路途凶险；其二是稍向北，但可能会被匈奴所俘虏；其三则是从蜀地行走，道路近便也相对安全。可见，羌中道作为绕过匈奴通往西域的一条孔道，开通和使用当在汉武帝时期。

图 3-5 汉代"羌中道"示意图

除传世史料的记载外，敦煌悬泉置出土的传文书，也为汉代羌中道的开辟和通行提供了例证：

永始二年八月癸未朔丁亥，效谷守丞宣移过所河津，遣佐董博逐杀人贼张贺、赵式等。酒泉、张掖、金城、陇西、天水、安定、三辅界中。

此简是汉成帝永始二年（前15年）效谷县守丞"宣"签发的传文书，效谷县派遣董博经"酒泉、张掖、金城、陇西、天水、安定、三辅"追捕逃亡人员。这条路线并没有经过武威郡，而是由张掖郡直接进入金城郡。考虑到此简书写出现时间相对较晚，为汉成帝时期，此时距赵充国神爵元年（前61年）平定西羌久矣，且汉廷早已在河湟腹地设置金城属国和屯田对西羌进行控制，由此判断，董博在追捕逃犯时选择的正是走羌中道。

其行程路线大致是从今天的张掖进入祁连山,过扁都口经河湟地区进入兰州一带,再由天水经安定到达京畿三辅地区。

四、汉代从长安到敦煌要走多久

在明确了汉代从长安前往敦煌有这样三条主要的路线后,那么古代从长安到敦煌要行走多久呢?我们可以从简牍的记载中找到一些蛛丝马迹:

甘露三年四月己未,富平侯臣延寿、光禄勋臣显承诏侍御史曰:营军司马王章诣部,为驾二封轺传,载从者一人。御史大夫定国下扶风厩,承书以次为驾,当舍传舍,如律令。五月丙午,过东。

此简记载了汉宣帝甘露三年(前51年)四月己未日,由御史大夫下发的传文书,经过悬泉置时的记录为五月丙午日。检《春秋战国秦汉朔闰表》,四月甲寅朔,己未日为初六日,五月丙午为五月二十四日,期间相隔47天。这封文书的以"轺车"传递,并有一名随从,在时间上可能相对较慢。

再如下面所举简文的记载,所需时间又有所不同:

建平四年五月壬子,御史中丞臣宪,承制诏侍御史曰:敦煌玉门都尉忠之官,为驾一乘传,载从者。御史大夫延下长安,承书以次为驾,当舍传舍,如律令。六月丙戌,西。

此简为汉哀帝建平四年(前3年),敦煌玉门都尉由京城长安前往敦煌赴任时所持的传信。这封传信从五月壬子日(初八)出发,经过悬泉置的时间为六月丙戌(十三日),前后经历了34天。而其所乘传车规格为"一乘传",据《汉书·高帝纪》记载:"(田)横惧,乘传诣雒阳。"注引如淳曰:"律,四马高足为置传,四马中足为驰传,四马下足为乘传,一马二马为轺传。急者乘一乘传。"此传信所用规格为四马下足的车,其速度要比一般的轺车快。

同样为"一乘传",下面这枚简行走的时间又更短了一些:

甘露四年六月辛丑,郎中马仓使护敦煌郡塞外漕作仓穿渠,为驾一乘传,载从者一人,有请诏。外卅一。御史大夫万年下谓,以次为驾,当舍传舍,从者如律令。七月癸亥食时西。

此简为汉宣帝甘露四年(前50年)由中央御史大夫下发给敦煌郡的诏书,要求在敦煌郡塞外穿治漕渠之事。这封传信的签发日期为甘露四年六月二十五日(辛丑),而持传人经过敦煌悬泉停留时的日期为七月十八日(癸亥),二者之间相差了23天。当然,传信传递时间长短也与传信内容的紧急程度相关。

从上述三枚简例中我们可以看到,汉代从长安出发前往敦煌的时间在30多天到40多天,加急情况下也要23天。从悬泉出土的"里程简"可知,汉代长安到悬泉置的距离为"四千八十(Ⅴ92DXT1611③:39)",约合今1 696千米,如若按上例中最快的23天计算,需要平均每天行走74千米。另据张家山汉简《二年律令·行书律》"邮人行书,一日一夜行二百里"的记载,将二百汉里进行换算,约合今83千米。由此可见,23天由长安前往敦煌悬泉置并非汉代的最快记录,但对于西北地区这样的邮路补给和传马交通工具来说,能有这样的传递速度,已属不易。

第二节　汉代敦煌与西域间的交通路线

文物简介

木简一枚（简号 Ⅱ 90DXT0115 ③：134），1990年出土于敦煌悬泉置遗址。该简完整，长23厘米，宽1厘米，厚0.2厘米，松木材质。单行书写。从简文内容来看是悬泉置记录骆驼出入和死亡的簿书。"白龙堆"是汉代由敦煌前往西域的重要通道，此简的出土为我们研究汉代与西域之间沟通交流提供了重要依据。该简现藏甘肃简牍博物馆。

简牍释文

出黄牡橐佗一匹。永光五年三月己酉，至白龙堆中罢极死，候光所假出庄河渠主。

简文大意

此简记载了悬泉置派出了一匹黄色雄性骆驼，于汉元帝永光五年（前39年）三月初六日这天，行走至白龙堆时因过于疲累死亡，这匹骆驼是候长"光"向庄河渠主借来的。简文中的"橐佗"即"骆驼"；罢，同"疲"，即疲劳、劳累之意。白龙堆是汉代从敦煌出发前往西域

图 3-6　悬泉汉简

086

的重要孔道,位于今罗布泊东北部,是一片盐碱地土台群,绵亘近百千米。《汉书·西域传》载:"然楼兰国最在东垂,近汉,当白龙堆,乏水草,常主发导,负水儋粮,送迎汉使。"

阅 牍 延 伸

汉代敦煌与西域诸国间的交通路线

敦煌郡是两汉时期与西域对外交往的重要"口岸",有南北两条道路可以前往西域各国。《汉书·西域传》中写道:"自玉门、阳关出西域有两道:从鄯善傍南山北,波河西行至莎车,为南道;南道西逾葱岭则出大月氏、安息。自车师前王庭随北山,波河西行至疏勒,为北道;北道西逾葱岭则出大宛、康居、奄蔡焉。"汉代西域三十六国大致以今天山为界,分南北两部,南部集中分布在今塔里木盆地,北部则分布在今准噶尔盆地;其中大多数国家分布在塔里木盆地南北两缘的绿洲之上,以绿洲为节点形成了南北两条主要交通路线。

图 3-7　白龙堆

具体来说，这两条道路都是以敦煌为起点，向西经白龙堆至罗布泊后南北分道而行。南道经鄯善（楼兰）西行，沿塔里木盆地南缘，途经且末、于阗、皮山抵达莎车，再由葱岭（今帕米尔高原）进入中亚的大月氏，继续向西可至安息、条支等国；北道则由罗布泊向北，经车师前王庭（治交河城）沿天山南麓西行，途经焉耆、龟兹至疏勒，再西北进入大宛和康居等国。

悬泉置作为汉代河西走廊邮驿系统的重要组成部分，记录了这些频繁往来于中西交往的使者、官吏和随行人员的行迹。

☐举案罢斥候千人辅送疏勒˩于阗˩渠勒˩皮山˩小宛☐☐

☐以食守属孟敞送自来鄯善王副使者卢匿等，再食，西。

☐☐元年三月……侍谒者臣德承……制诏侍御史曰☐☐☐太守丞贺君为卫候王君副使送于阗王、渠犁、疏勒诸国客，为驾二封轺传，载从者一人……

乌孙、莎车王使者四人，贵人十七，献橐佗六匹，阳赐记教。

客大月氏、大宛、疏勒、于阗、莎车、渠勒、精绝、扜弥王使者十八人，贵人☐人。

送精绝王诸国客，凡四百七十人。

各有数，今使者王君将于阗王以下千七十四人，五月丙戌发禄福，度用庚寅到渊泉。

姑墨王遣使者休靡奉献橐佗马橐佗马

出送龟兹王传车二乘，白车四乘☐☐☐

上举悬泉汉简中有西域南道诸国鄯善、小宛、精绝、扜弥、于阗、渠勒、皮山、莎车、疏勒、渠犁，以及北道的龟兹、姑墨、大宛、大月氏、乌孙在悬泉置停留时的记录。从其规模来看多者有数千余人，少者仅有几人。可见自从张骞"凿空"后，一方面是汉朝"使者相望于道，一辈大者数百，少者百余人。汉率一岁中使者多者十余，少者五六辈，远者八九岁，近者数岁而反"。另一方面是西域各国"驰命走驿，不绝于时月；商胡贩客，日款于塞下"。

此外，敦煌悬泉置遗址中还保留了一份较为完整接待西域各国使者、贵人、质子的传食记录：

……斗六升。二月甲午，以食质子一人，鄯善使者二人，且末使者二人，莎车使者二人，扜阗使者二人，皮山使者一人，疏勒使者二人，渠勒使者一人，精绝使者一人，使一人，拘弥使者一人。

乙未食渠勒副使二人；扜阗副使二人，贵人三人；拘弥副使一人，贵人一人；（莎）车副使一人，贵人一人；皮山副使一人，贵人一人；精绝副使一人。

乙未以食疏勒副使者一人，贵三人。凡卅四人。

此简分为三栏，每栏之间用横线隔开。第一栏记录了悬泉置二月甲午日接待鄯善、且末、莎车、于阗、皮山、疏勒、渠勒、精绝、扜弥等国使者、贵人传食的记录；第二段是在乙未日（甲午日的后一天）接待渠勒、于阗、扜弥、莎车、皮山、精绝、疏勒等国副使的传食记录。此简在书写时将正使和副使分别记载，可能与他们的饮食待遇不同有关，简文最后记载了"凡卅四人"，统计了悬泉置此次接待西域诸国正使、副使、贵人的总人数为三十四人。

简文中的贵人是当时西域各国的上层贵族；质子则是西域各国国王之子或其他贵族，被遣送至汉廷作为人质，以此来寻求汉朝的庇护。《后汉书·西域传》载："匈奴单于因王莽之乱，略有西域，惟莎车王延最强，不肯附属。元帝时尝为质子，长于京师、慕乐中国，亦复参其典法。"这些质子与贵人往来于中西之间，在学习中原文化礼教的同时，也将西域物种和文化通过河西走廊带入中原。

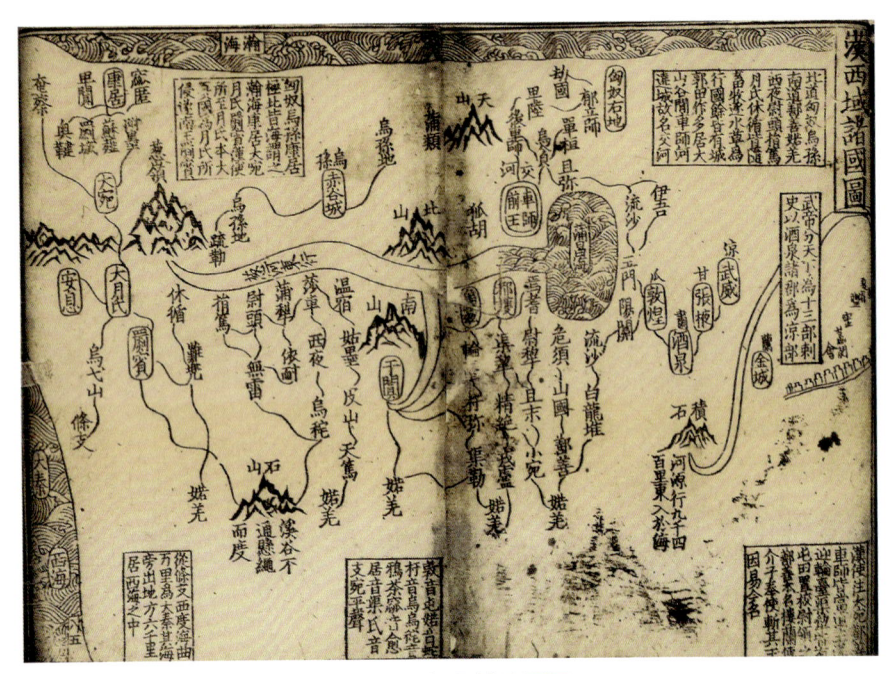

图 3-8 汉西域诸国图

而像康居、乌孙、大月氏、安息、罽宾、乌弋山离这样距离汉朝远，而不从属于西域都护府管辖的国家，也与中原王朝有所往来。这封来自安远侯郑吉的文书，为我们真实还原并呈现了两千年前康居国使团从玉门关进入敦煌的历史景象：

> 甘露二年正月庚戌，敦煌大守千秋、库令贺兼行丞事，敢告酒泉大守府卒人：安远侯遣比胥犍罢军候丞赵千秋上书，送康居王使者二人、贵人十人、从者六十四人。献马二匹、橐他十四、私马九匹、驴卅一匹、橐他廿五匹、牛一。戊申入玉门关，已阅（名）籍、畜财、财物。

这是汉宣帝甘露二年（前52年）由敦煌太守府发往酒泉太守府的平行文书，内容是敦煌太守接到安远侯郑吉的来信，此次康居王使团有使者

2人、贵人10人以及随从64人,总共76人之多,还有随行敬献上贡的马匹、骆驼、驴、牛等牲畜78头。从文书传递的时间来看,使团于正月戊申日(十八日)经玉门关进入敦煌界内,敦煌太守下发文书的时间为庚戌日(二十日);在文书发出时,使团已经在敦煌停留了两日。同时,在通过玉门关时,关吏核检了使团人员的名册、上贡的牲畜数量和随行人员的财务等情况。可见,这在当时是一次规模较大的接待,而敦煌太守给酒泉太守的文书也是为了让其提前做好准备。

再来看下面这两封迎接乌孙解忧公主返回汉朝时,在河西走廊沿途厩置受到接待的记录:

甘露三年十月辛亥,丞相属王彭护乌孙公主及将军贵人从者道上,传车马为驾二封轺传,有请诏。御史大夫万年下谓成(渭城),以次为驾,当舍传舍,如律令。

甘露三年十月辛亥朔,渊泉丞贺移广至、鱼离、悬泉、遮要,龙勒厩啬夫昌持传马送公主以下,过稟穑麦各如牒,今写券墨移书到,受簿入十一月报,毋令缪如律令。

此两简是汉宣帝甘露三年(前51年)十月初一日,敦煌郡在同一时间接受和发出的两份文件。前者是朝廷御史大夫签发的传信,要求丞相属王彭护送解忧公主、将军贵人,沿途传舍按传信要求提供食宿。后者是渊泉县丞"贺"给敦煌郡广至、鱼离、悬泉、遮要、龙勒五所厩置移送的文书,内容是乌孙公主路过各厩置时,所提供的草料账目计入十一月簿书汇总上报。

结合《汉书·西域传》的记载:"公主上书言年老土思,愿得归骸骨,葬汉地。天子闵而迎之,公主与乌孙男女三人俱来至京师。是岁,甘露三年也。时年且七十,赐以公主田宅、奴婢,奉养甚厚,朝见仪比公主。"简文中所反映的正是彼时年届七旬的解忧公主上书汉宣帝,请求叶落归根，皇帝欣然同意，并下发文书要求公主返回长安途中，延线厩置精心接待。

进一步思考，如若以今天的道路里程来看，汉代西域诸国到敦煌和长安的距离有多远呢？据《汉书·西域传》的记载，诸国之中距离敦煌最近的鄯善"去阳关千六百里，去长安六千一百里"，换算后其距敦煌阳关合今 665 千米，距离长安合今 2 536 千米；处在西域南道西端的疏勒国则"去长安九千三百五十里"，换算后至长安长达 3 888 千米之多，而像北道的康居国"去长安万二千三百里"，换算后要行走 5 114 千米，难以想象在当时的交通状况下要行走这么多"跨国"路程是多么艰辛和不易。

《续汉书·郡国志》引《耆旧记》云："敦煌，华戎所交，一都会也。"深刻揭示了敦煌在汉代中西交往道路上的重要地位。敦煌地处中原王朝进入西域的道路要冲，"东则接汉，厄以玉门、阳关"。敦煌不仅是汉民族与西域各民族交流的中心，更是中原与西域商贸和文化交流的重要枢纽。西域地区出产的畜牧产品，如天马、骆驼、牛、驴、骡等特产都经由南北两道，源源不断地进入敦煌并流转至中原地区，极大地丰富了中原的物产种类，促进了东西方的经济文化交流。

第四章 汉代河西民族关系与对外交往

第一节　汉代河西羌人的归义与管理

文物简介

木简一枚（简号Ⅰ90DXT0116②：62），1990年出土于敦煌悬泉置遗址。该简完整，长23.4厘米，宽0.9厘米，厚0.2厘米，红柳材质。单行书写。从简文形制和内容来看，为官方文书的一种。此简反映的是汉代敦煌郡对归义"胡人"管理的具体措施，为我们了解汉代对归义民族的政策和管理提供了实物材料。该简现藏甘肃简牍博物馆。

简牍释文

·胡人归义占数敦煌廪食，县官长吏宜数存问所疾苦，其为吏民庸舍长者，当庐有贾，以为之本业。

简文大意

此简以"·"墨点起首，内容是涉及官方管理"胡人归义"的制度性文书。简文大意是归义的胡人需在敦煌郡登记造籍、编户齐民，并由郡县承担廪食的发放，同时还要求郡县官吏关心和体恤归义者的生活疾苦，为其提供基础生活条件，帮助他们安定生活。

简文中"胡人归义"也就是"归义胡人"，"归

图 4-1　悬泉汉简"胡人归义"简

义"有归附、降顺之意,"归义胡人"是对从汉朝边境之外降汉归化胡人群体的统称。汉代敦煌位于河西走廊最西端,其周围存在大量少数民族。伴随着官方邮驿道路的开辟和对外交往的繁荣,大量外来民族来到敦煌聚居,此简所反映的正是汉代敦煌郡对归义民族管理的具体措施。

阅牍延伸

汉代河西羌人的归义与管理

河西走廊自古以来就是一个多民族聚居的地区,早在先秦时期就有羌人活动。

《后汉书·西羌传》载:"(西羌)南接蜀、汉徼外蛮夷,西北接鄯善、车师诸国。所居无常,依随水草。地少五谷,以产牧为业。"汉武帝开拓河西走廊后,为隔绝匈奴与羌人的联系,在河西走廊设敦煌、酒泉、张掖和武威四郡。与此同时,河西走廊也保留和使用了许多以羌人命名的河流名和地名,如张掖郡觻得县有"羌谷水(今黑河)出羌中,东北至居延入海";酒泉郡禄福县呼蚕水(今北大河)发源于南羌而流入羌谷;敦煌郡有南籍端水(今疏勒河)和氐置水(今党河)皆出南羌中。这些地名和河流名,不仅反映了羌人在河西地区的影响,也体现了汉羌文化的交融。

一、汉代河西羌人的归义

汉代管理境内和边徼少数民族的方式主要有纳入郡县政区、采取属国体制和接受民族归义等。具体来说,汉代在少数民族聚居地区设立"道"作为管理民族事务的特殊政区,《汉书·百官公卿表》"县有蛮夷曰道",道设道长,职权同县令一样。据《汉书·地理志》的记载,西汉时凉州陇西郡有狄道、氐道、予道、羌道;天水郡有戎邑道、绵诸道、略阳道、獂道;安定郡有月氏道。这些都是将少数民族纳入中原王朝郡县体制的表现。属国制度则是在降服某一民族后，进行整体迁徙，易地置属国，并使地方州郡管辖，《续汉书·郡国志》载凉州有张掖属国和张掖居延属国。

归义制度则是少数民族接受朝廷封号赏赐，附属于中央政权统治之下。"归义"有"归附义从"之意，是汉朝授予边疆少数民族首领的一种封号。《续汉书·百官志》载："四夷国王，率众王，归义侯，邑君，邑长，皆有丞，比郡、县。"汉代在边疆少数民族地区主要采取"羁縻"制度进行有效管理，具体包括授予边疆少数民族首领"归义"等封号，允许他们保留本民族习俗和制度的同时，还要求其服从汉朝的统治管理，以此来达到稳定边疆、维护国家统一的目的。

图 4-2　"汉归义羌长"印

譬如上面这枚1953年出土于新疆维吾尔自治区沙雅于什格提的"汉归义羌长"青铜印，是汉代羌人归义最好的实物证明。此印章印面篆文阴刻"汉归义羌长"5字，为汉政府颁发给羌族首领的官印。进入20世纪以来，敦煌和居延地区的考古发掘工作为我们提供了大量有关汉代归义羌人的简牍记载，这些出土文物和文献为我们提供了研究汉代羌人归义问题的丰富材料,有助于我们更全面地了解这一历史时期汉羌民族关系的真实面貌。

1990年敦煌悬泉置遗址曾出土12枚归义羌人的名籍,为我们深入了解当时汉羌民族关系提供了重要参考。简册内容如下:

图4-3 归义羌人名籍

归义聊臧耶芘种羌男子东怜

归义聊卑为芘种羌男子唐尧

归义聊卑为芘种羌男子蹜当

归义垒卜芘种羌男子封芒

归义槛良种羌男子落蹴

■右槛良种五人

归义垒渠蹴种羌男子奴葛

归义聊槛良种羌男子芒东

■右渠蹴种十一人

归义垒甬种羌男子潘朐

归义垒卜芘种羌男子狼颠

■右留隗种一人

    此简册名为《归义羌人名籍》，由12枚简组成，每简长23厘米，宽1厘米。整理者根据这些出土简牍的形制、木质、行文格式、书体特征和简文内容判断，此12枚简性质相同，当出自同一简册文书。3枚标记有"■"墨迹的简应属"归义槛良种""归义渠蹴种"和"归义留隗种"三个归义羌族种号名籍的标题简。因此，原始册书内容应至少包括三封名籍，但由于简册发掘出土时简牍已经散乱缺失，暂时无法将册书进行合理编联和复原，因此仍然存在一些疑问。

    回到册书内容，名籍对于归义羌人所属具体种号、身份和姓名作了详细登记，简文中的"男子"表明其为户籍主的身份，这种登记造籍的方式也与汉地郡县施行的户籍登记政策别无二致。而从"■"所标注的标题简可知，汉廷对于"归义羌人"的管理是依据部族来划分的。而将归义羌人进行登记造籍的方式纳入边郡管辖范围表明，彼时的敦煌郡对于境内归顺依附的羌人已经实施了有效管理。

    汪桂海先生在对册书进行深入研究后提出，羌人种落的名称一般分三种情况：一是取自父名母姓，如烧当、烧何、滇那、吾良等；二是取自动物之名，如白马、牦牛、参狼、黄羝、黄羊、黄牛等；三是取自地名，如勒姐、卑湳等。这封简册之中的聊、藏耶觉、卑为觉、槛良、垒、卜觉、渠归、甬、龙耶等羌族种落名称，当是取自父名母姓。

二、汉代河西归义羌人的管理

汉代河西羌人的势力范围仍然很大，汉廷除了在金城郡设置属国外，还设立护羌校尉管理归降羌人。而从出土汉简中，我们可以看到与护羌校尉一同设置的其他官职，如护羌使者、主羌使者、护羌都吏、护羌从事、主羌使等。这些职官共同构成了汉代管理羌人事务的完整体系，体现了汉朝对羌人的重视和严格管理。

1. 护羌校尉

七月壬午，御史大夫弘，下吏护羌校尉将军☐

☐于掾府，一诣御史，一诣左冯翊府，一诣武威，一诣京兆尹府，一诣安定，一诣赵掾府，一诣金城，一诣南河尹府，一诣……☐

☐☐☐一诣护羌，二诣鱼泽，一诣清塞，一诣渊泉，一诣宜禾督蓬，一诣宜禾酒泉督蓬，一诣定汉尉。

上举两枚简文均有护羌校尉的记载，前者为御史大夫给护羌校尉的下行文书，因后文残缺，具体内容我们不得而知；后者是悬泉置记录的一封邮书记录，简文中的"护羌"当为"护羌校尉"之省称。

护羌校尉始置于汉武帝时期，是汉代专门管理羌人事务的重要官职。《续汉书·百官志》载："护羌校尉一人，比二千石。本注曰：主西羌。"应劭《汉官》曰："拥节。长史、司马二人，皆六百石。"另据《后汉书·西羌传》所载建武九年（33年）班彪在给光武帝刘秀的奏疏中明确指出护羌校尉的职责是"理其怨结，岁时循行，问所疾苦。又数遣使驿通动静，使塞外羌夷为吏耳目，州郡因此可得儆备。今宜复如旧，以明威防"可知，护羌校尉既要处理、解决羌人之间的怨恨和矛盾，还要按时巡视羌人聚居地，并询问民众的困难，同时掌握塞外羌人部落的讯息，尽到侦知动静、加强警戒和防备等义务。

2. 护羌使者、主羌使者

出粟一斗二升，以食助府令史□□婴移转护羌使者高䜣，从者一人，凡二人，人再食，食二升，东。

□霸与主羌使者从事佐□□凡二人，往来四食，食三升，西。

此两简分别为悬泉置接待护羌使者和主羌使者的传食记录。由于护羌使者和主羌使者并不见史籍记载，刘国防据出土汉简推断认为，护羌校尉由使者演变而来，持节领护西羌，故往往又被称为护羌使者或主羌使者。因此，护羌使者和主羌使者可看作护羌校尉之滥觞，他们的职责应当也与护羌校尉大致相同。

3. 主羌史

七月十一日庚申，主羌史李卿过，西。从吏一人，用米六升，肉一斤。

建昭二年二月甲子朔辛卯，敦煌大守强、守部候修仁行丞事，告督邮史众、欣，主羌史江曾、主水史众迁，谓县：闻往者府掾、史、书佐往来，繇案事公与宾客所知善饮酒，传舍请寄长丞食或数。

此两简均有明确纪年，前简为悬泉置接待主羌史的传食记录，后简为敦煌太守给督邮史、主羌史和主水史的官文书。张德芳先生据《朔闰表》和同探方层位出土简牍纪年判断，前简中"七月十一日庚申"乃汉元帝建昭四年（前35年）。同时亦可知，主羌史为敦煌太守府下专设管理境内羌人的职官，然其与护羌校尉之间的关系还不明确。

除了设置具体职官管理羌人，在处理归义羌人的具体事务中，敦煌郡府衙又是如何进行的呢？我们从下面三个简例中可以找到答案：

·归义敦隗种留良等辞曰：以诏书冬十月入徼就草，常居广至。

"徼"即边境、边塞之意。《汉书·邓通传》载："盗出徼外铸钱。"颜师古注曰："徼，犹塞也。东北谓之塞，西南谓之徼。"此简反映的正是常居住在敦煌郡广至县边徼的归义羌"敦隗种"留良和众人向敦煌郡的上书，声称根据皇帝颁发的诏书，到了冬季十月可以越过边徼，进入广至县内运送草料。由这条简文可进一步延伸，已经归义降附的羌人并未长期生活在汉地郡内，而是仍旧在其原来聚居的区域活动。当然，对归义羌人实行有效管理并非特例，另一封悬泉置出土简册中同样有所体现。

酒泉归义垒羌龙耶种男子韩芒自言今年九月中□☑

此简为酒泉郡归义羌韩芒因某事向官府递交的申诉书。"自言"是秦汉司法程序中在无胁迫、指使情况下出于自愿的言辞。从简文书写来看，韩芒当编入酒泉郡籍，至于文书为什么出现在敦煌郡悬泉置，则可能因

图 4-4 悬泉汉简
Ⅱ 90DXT0114 ②：194

此案涉及敦煌郡，因而转报于敦煌郡。

与之类似的情况还有一则因羌人斗殴而请求敦煌郡介入调解、公平处置的记载：

年八月中，徙居博望万年亭徼（徼）外归萭谷，东与归何相近。去年九月中，驴掌子男芒封与归何弟封唐争言鬦（斗），封唐以股刀刺伤芒封二所，驴掌与弟嘉良等十余人共夺归何马卌匹、羊四百头。归何自言官，官为收得马廿匹、羊五十九头，以畀归何，余马羊以《使者条》相犯徼（徼）外，在赦前不治，疑归何怨恚，诬言驴掌等谋反。羌人逐水草移徙。

此简册名为《汉羌人斗殴》册，由3枚简组成，册书首尾虽已缺失，但主体部分保留完整，不影响整体释读和理解。简文大意是说：归义羌驴掌之子芒封与归何之弟封唐发生争执和斗殴，其间封唐用刀将芒封刺伤了两处，驴掌也与其弟嘉良等十多人抢夺了归何的40匹马和400头羊。随后，归何上报敦煌太守府陈述了事件的经过原委，官府出面追回了20匹马和59头羊还给了归何，剩下的马匹和羊则因斗殴事发在汉朝边境之外，且事件发生在赦免之前，因此官方不再追究。

根据上述三个案例，我们可以得知汉朝对归义羌人实际管理中的一些细节。首先，归义的羌人仍遵循游牧民族"逐水草迁徙"的传统，只有在朝廷诏书允许的时间内才可以进入汉朝边境之内。其次，当不同种群的羌人产生冲突和斗争时，我们并不知道他们是否会直接上报给各自部落渠帅进行协调，但可以肯定的是，归义羌人也会向汉地边郡府衙诉讼，奔走于汉廷与羌人本族群之间，以此寻求自身利益的最大化。最后，从《汉羌人斗殴》册书对案件的判决结果可知，归义羌人在徼内和徼外所应遵循的法令标准是不同的。准确来说，汉代官方只接受汉地边境以内案件的审理和判决，并不能直接参与事发在边境以外案件的判决。因此，边徼并非只是实际意义上存在的防御界限，也是两个政权之间主权隔离的象征。

汉代对河西归义羌人实行了灵活多样的管理体制，是汉代边疆"羁縻"政策的重要体现。这种管理体制在保证边疆安全的同时，维护了河西边境社会的稳定运行，促进了汉羌的交流和融合，对中华民族多元一体格局的形成产生了重大影响。

第四章 汉代河西民族关系与对外交往

第二节　汉与匈奴在河西走廊的冲突与斗争

文物简介

此简册名为《捕斩匈奴虏、反羌购赏科别》，1974年出土于居延甲渠候官遗址第22号房址内。该简册共由18枚简组成（EPF22：221－235、691、692、825），多残断，完整者长23厘米，宽1厘米。尽管册书内容仍有不少缺失，但整体内容较为清晰完整，是汉代悬赏捕斩匈奴和反叛羌人的赏格。该简册现藏甘肃简牍博物馆。

简牍释文

▨月甲午朔己未，行河西大将军事、凉州牧守、张掖属国都尉融，使告部从事▨城、武威、张掖、酒泉、敦煌大守，张掖、酒泉农都尉。武威大守言：官大奴许岑▨等三人捕羌虏斩首各二级，当免为庶人，有书。今以旧制律令，为捕斩匈奴虏反羌购赏各如牒。前诸郡以西州书免刘玄及王便等为民，皆不当行。书到，以科别从事。官奴婢以西州书若郡农如玄、便等捕斩反羌免者，不应法令，皆收还玄、便等，及其妻子其本官已具言，所具官名年籍毋有所遗脱，会五月朔，从事督察如律令。

·捕斩匈奴虏反羌购偿科别

·其生捕得酋豪、王侯、君长、将率者一人吏增秩二等，从奴与购如比。其斩匈奴将率者，将百人以上一人购钱十万，吏增秩二等；不欲为。有能生捕得匈奴闲候一人，吏增秩二等；民与购钱十……人命者，除其罪；能与众兵俱追、先登陷阵，斩首一级购钱五万如比。▨有能谒言吏，吏以其言捕得之，半与购赏。▨追逐格鬬（斗）有功，还畜参分，以其一还归

图 4-5　捕斩匈奴虏、反羌购赏科别

本主。☐……能持☐奴与半功。诸有功,校皆有信验,乃行购赏。·右捕匈奴虏购科赏

·有能生捕得反羌从僥（徼）外来,为闲候动静中国兵、欲寇盗、杀略人民,吏增秩二等；民与购钱五万,从奴它与购如比。☐言吏,吏以其言捕得之购钱五万,与众俱追、先登陷☐。钱三万,吏增秩二等；不欲为官者,与购如比。·诸有功,校皆有信验,乃行购赏。·右捕反羌科赏

简文大意

此简张忠炜先生在原有"购赏科别"的基础上（EPF22：221—235），又新增三枚简（EPF22：691、692、825）并调整册书排列顺序，使得简册原貌得以呈现。重新编联后的册书可分为两部分，前一部分陈述了《购赏科别》颁布施行的缘由，后一部分则是"捕斩匈奴虏和反羌购偿科别"的具体内容，即详细规定捕斩不同级别匈奴、羌人应受之赏赐、增秩赏赐、增秩的级别等。

简单来说，简册叙述了武威太守向河西大将军窦融禀报一起军队犯罪受到处罚的记录，三名罪犯因捕斩羌虏而立有军功，如按照西州书执行，三人应当被赦免为庶人，不再追加其他处罚。然而，彼时处于东汉初年，河西五郡仍未接受汉廷管理，为大将军窦融实际控制。如按照旧制而定的"捕斩匈奴虏反羌购赏科别"，此三人无法用军功抵罪避免惩罚。同时，他们的妻子和儿女等人必须重新被收孥为官奴婢。所在郡县府衙还要详细记录其收孥为官奴婢所属机构、相关名籍等资料，并在规定时间内定期上报于郡太守和大将军幕府。相应地，府衙也会定期督查河西五郡及酒泉、张掖农都尉对于"购赏科别"的执行情况。

《广雅·释言》："购，偿也。"《说文》："赏，赐有功也。"所谓购赏，类于通常所说的"悬赏"，是以物质财富为赏赐，依据功劳大小决定"购赏"多少。《汉书·高帝纪》载："乃多以金购豨将。"颜师古注曰："购，设赏募也。"从居延出土的《捕斩匈奴虏、反羌购赏科别》来看，购赏内容当是增秩、赐奴、赐民、赐钱或有罪者除罪，按照捕斩者和被捕斩者的不同身份、地位分别给予赏赐。

阅牍延伸

居延汉简所见汉与匈奴的冲突与斗争

汉武帝元狩二年（前121年）两次河西之战使游牧于河西走廊的匈奴遭受重创，匈奴浑邪王杀休屠王后归降汉朝，河西走廊便正式纳入中原王朝的势力范围。同时，汉武帝为了加强对河西地区的开发和治理，"列四郡（武威、张掖、酒泉、敦煌），置两关（玉门关、阳关）"，还多次从中原内郡向河西边塞移民实边，有效地保障了河西边塞的安全稳定。汉武帝太初三年（前102年），汉廷分别在弱水（今额济纳河）流域和谷水（今石羊河）流域修筑了由张掖至居延泽和由休屠城至休屠泽的塞墙，"使强弩都尉路博德筑居延泽上"，兴筑障塞亭燧、屯田驻守，从而在居延地区构筑起了一套完备的塞防体系。

居延地区出土的大量简牍军事文书，为我们了解汉代居延边塞军事活动提供了良好契机。特别是居延新简《甲渠候君书》的发掘出土，生动呈现了汉与匈奴作战的历史场景，让我们得以穿越时空，感受那段波澜壮阔的历史。

甲渠障守候君免冠叩头死罪，奉职数毋状，罪当万死，叩头死罪死罪。十月廿八日，胡虏犯塞，略得吏士，毋状。当伏重诛，靡为灰土。叩头死罪。夏良叩头言掾厶坐前毋恙，起居安平，甚善。先日欲诣门下，迫蓬起萃萃不及诣门下，毋状叩头叩头，得掾明时数。又壬午言：虏燔烧孝隧，其日出时，乘障□□张骏等候望，□寘，虏且围守。其晨时，孝、护桃下隧，奏候官言：虏卅余骑，皆衣铠、负弩攻隧。又攻坏燔烧第十一隧以北，见塞外虏十余辈从西方来，入第十一隧天田屯止，虏四五攻坏燔烧第奉隧以南，尽昏寘烟火不绝。又即日平旦万岁部以南，烟火不绝，虏或分布在块间，虏皆第八隧，攻候障。君与主官谭等格射各十余发，虏复并塞百骑，亭但马百余匹,橐他四十五匹,皆备贺并塞来,南燔之卒,以障中□米糒给孤单。卒有万分,恐不能自守。唯恐为虏所攻得。案宫中候以下□力,奈何?反遣吏去,而从后逐之。时蓬起,至今绝,留府。叩头死罪死罪,敢言之。攻居隧,不居隧尽坏,坞将军哀贳贷罪法,复令见日月,叩头死罪死罪。□白,起居毋它,叩头叩头。一日厚赐,叩头叩头,谨言□。

此册书名为《甲渠候君书》,李均明先生判断文书书写时间在建武八年(32年),册书内容是甲渠候君夏良向上级呈报的一份紧急军情报告,报告中详细讲述了建武八年十月二十八日,居延甲渠塞遭到匈奴一次规模较大的袭击。

这场战争具体经过是:十月二十八日匈奴来犯甲渠塞,他们烧毁了孝燧(烽燧名称);日出时分,甲渠塞守军登上城障侦查敌情,发现匈奴人已经合围准备进攻。到了当天早上,孝燧和护桃燧守卒向甲渠候官汇报说:他们发现不远处又有匈奴四十余骑,对方都身穿着铠甲,背负橹盾。匈奴人攻击焚烧了第十一燧以北的区域,另有十余名敌人从甲渠塞外以西的方向奔赴而来,他们进入第十一燧天田后进行驻扎。另有四五名匈奴人攻击并焚烧了第七燧以南的守区,战火一直持续到当天黄昏还未断绝。

第二天早上,万岁部以南地区战火同样一直持续,一些匈奴人悄悄埋伏在低洼的沙地之间,准备伏击。随后,匈奴人又进攻到了第八燧障城,"我"(甲渠守候夏良)和谭等人向匈奴发射了十余箭进行抵御。然而,匈奴人马众多,仍然有百余骑一齐向甲渠塞不断发起进攻。他们还准备了百余匹马和四十五匹骆驼,想要一举进攻。面对敌人的猛烈攻击,甲渠塞守卒感到疲惫不堪,甚至物资也十分匮乏。"我"非常担心不能坚持抵御匈奴的进攻,也害怕甲渠塞会被匈奴攻占夺取。

从上述战争经过来看,此次匈奴倾巢出动,甚至投入了较甲渠塞守卒十倍的兵马优势进行突袭。同时,匈奴人进入甲渠塞后焚烧抢掠的行

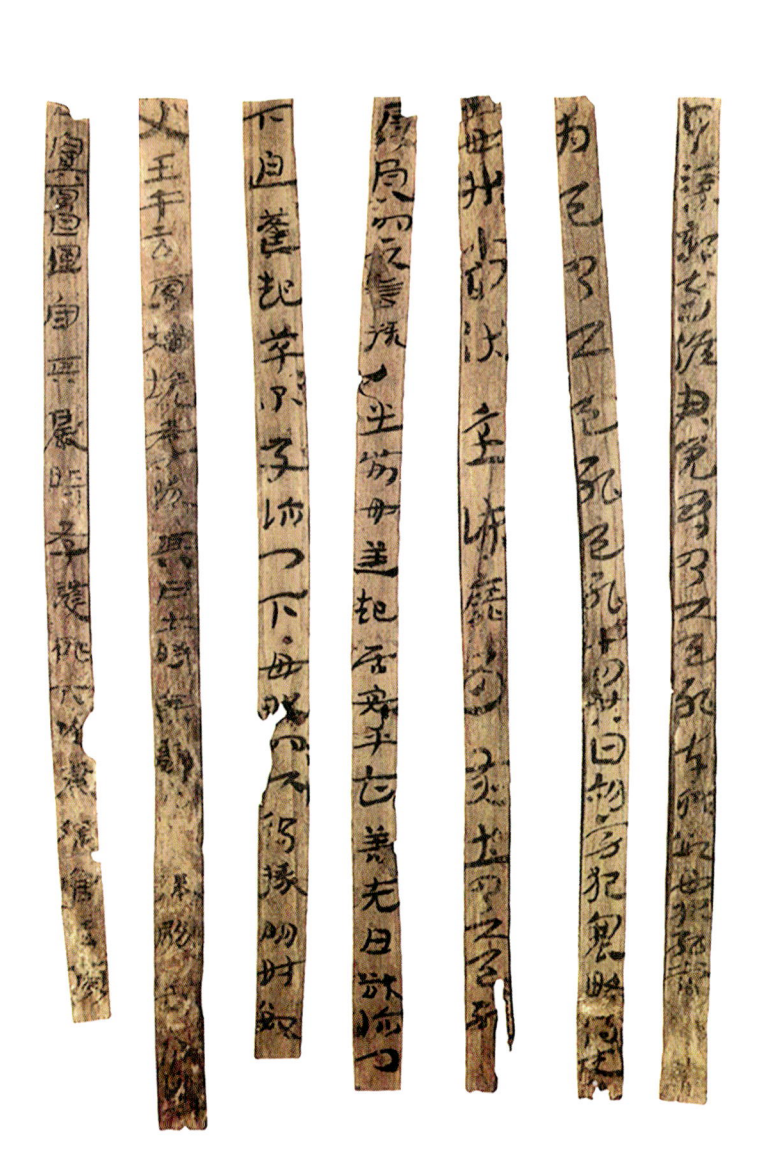

图 4-6　甲渠候君书

第四章　汉代河西民族关系与对外交往

径，对甲渠塞造成了"攻居隧，不居隧尽坏坞"的严重破坏。而从战略和战术层面来讲，此次作战中匈奴主要采取数倍兵马优势进行大规模围攻，以及在局部以小部分兵力执行伏匿策略，极有组织和目的性地对甲渠塞展开进攻。当然，在面对敌人数量优势和己方兵力不足的情况时，正面积极抵御匈奴并不能有效改变战争处境，甲渠候夏良认为只有派遣士吏佯装迅速逃离，再从匈奴人后方出其不意地进攻，方可有一线生机。

在居延汉塞内，如某一烽燧侦察到匈奴有进犯时，必须迅速将情况汇报都尉府，然后再由都尉府紧急下发文书，在辖境部燧内依次传递通知，以提前做好防御准备。

十二月辛未，甲渠毋伤候长文、候史倌人敢言之：日蚤食时，临木隧卒路人望见，河西有虏骑廿亭北地溪中，即举蓬、燔一积新，虏即西北去，毋所失亡，敢言之。/十二月辛未，将兵护民田官、居延都尉债、城仓长禹兼行[丞]　A

广田以次传行至望远止□。写移，疑虏有大众，不去，欲并入为寇。檄到，循行部界中，严教吏卒惊蓬火，明天田，谨迹候候望，禁止往来行者。定蓬火辈，送便兵战鬬（斗）具，毋为虏所萃槃。已先闻知，失亡重事，毋忽如律令。/十二月壬申殄北[守]　B

候长卻＜未央、候史包、隧长畸等，疑虏有大众，欲并入为寇。檄到，卻等各循行部界中，严教吏卒，定蓬火辈，送便兵战鬬（斗）具，毋为虏所萃槃。已先闻知，失亡重事，毋忽如律令　C

这封檄书出土于居延甲渠候官遗址，从内容和性质上看属于警备檄。檄书是汉代用于传递重要文件、通报重大事件或传送紧急军情的文书。《汉书·高帝纪》载："吾以羽檄征天下兵，未有至者。"颜师古注："檄者，以木简为书，长尺二寸，用征召也。其有急事，则加以鸟羽插之，示速疾也。"

这封檄书的内容是说：十二月辛未日，甲渠候接到临木燧发出的紧急情报，临木燧守卒在清晨巡视过程中看到弱水西岸有匈奴骑兵二十余骑，立即按照"烽火品约"要求举烽火、点燃积薪，匈奴见状后随即离去，事后临木燧紧急向甲渠候官上报情况。与此同时，甲渠候以檄书的形式将这一情报由广田燧依次传递至望远燧，并要求沿线烽燧做好警戒，严明烽火制度，禁止无关人员往来，提前准备好作战器具，并要求各部燧间做好军事部署，提高警惕，以应对与匈奴的作战。

当然，如若日常边防工作中部燧未按照约定执行，甚至私自做出决断而造成财物丢失或其他重大后果，部燧负责人还将受到弹劾和处罚。如下面这封劾状的记载：

> 建武五年十二月辛未朔戊子，令史劾将褒诣居延狱，以律令从事。乃今月十一日辛巳日且入时，胡虏入甲渠木中隧塞天田，攻木中隧□隧长陈阳为举堠上二蓬，坞上大表一，燔一积薪。城北隧助吏李丹候望，见木中隧有烟，不见蓬。候长王褒即使丹骑驿马一匹驰往逆辟。未到木中隧里所，胡虏四步入从河中出，上岸逐丹。虏二骑从后来，共围遮略得丹及所骑驿马持去。•案：褒典主，而擅使丹乘用驿马，为虏所略得，失亡马。褒不以时燔举，而举堠上一苣火，燔一积薪，燔举不如品约，不忧事边。

此册书名为《建武五年候长王褒被劾状》，记载了东汉建武五年（29年）十一月十日黄昏时分，匈奴进犯甲渠候官临木候部木中燧的情况。木中燧长陈阳随即按照"烽火品约"要求举烽示警，然而，城北燧守卒李丹只看见木中燧升起烟雾，并未看到举烽和表。于是他将这一情况汇报给城北部候长王褒，王褒便私自派出李丹骑驿马去查探敌情。但当李丹行至距离木中燧不远处时，反被埋伏在水中的匈奴人袭击，造成驿马为匈奴人所夺。事后，甲渠候官令史以"失亡马""燔举不如品约

（未按照烽火品约规定举烽火）"和"不忧事边（没有尽心边塞战事）"三项罪名将城北部候长王褒告到了居延县狱。

汉代作为中国古代史上一个重要的时期，其民族政策与外交策略在甘肃简牍中得到了生动而具体的展现，尤其是河西地区羌人的归义与管理、汉与匈奴在河西走廊的冲突与斗争，更是这一时期民族关系与对外交往的缩影。甘肃简牍中记载的汉代河西羌人归义与管理、汉匈冲突与斗争，不仅反映了当时社会的复杂性与多样性，更展现了中华民族是如何由冲突斗争走向多元一体的，让今天的我们可以更加深刻地理解中华民族的历史脉络与文化传承。

第五章 汉代河西水利建设与社会生活

第一节　汉代河西水利建设与管理

文物简介

木简一枚（简号Ⅰ90DXT0116②：117），1990年出土于悬泉置遗址。该简上端残缺，长20.9厘米，宽1.0厘米，厚0.25厘米，松木材质。单行书写。此简为悬泉置与渊泉县的移书，简文大意为悬泉置啬夫"弘"请求从渊泉府调配穿渠卒21人，简文中的穿渠卒即专职修治水渠的人员，此简反映了汉代敦煌郡已经有专职人员负责水利建设和日常维护等工作。该简现藏甘肃简牍博物馆。

简牍释文

☐八月己丑朔庚寅，县泉置啬夫弘移渊泉府，调穿渠卒廿一人。

图 5-1　悬泉汉简

简文大意

此简为悬泉置与渊泉县的移书，大意为悬泉置啬夫"弘"请求从渊泉县调配修治水渠的吏卒21人。根据张德芳先生对悬泉汉简的整理研究，悬泉置啬夫"弘"在汉宣帝时期任职，此简正是反映这一时期敦煌郡的水利建设。此外，简文记载由渊泉县向悬泉置调配"穿渠卒"，说明渊泉县有数量不少的穿渠卒，可以调配至效谷县的悬泉置。

阅牍延伸

汉代河西地区的水利建设与管理

水利作为农业命脉，是民生之本，历来为统治者所重视。从春秋战国到秦大一统时期，就曾修建了都江堰、郑国渠、灵渠等水利工程。汉代官方同样重视水利的开发与建设，特别是汉武帝时期开始大规模兴修水利，在黄河流域以营建灌溉渠系为主，先后修建了六辅渠、白渠、龙首渠等。《汉书·沟洫志》载："自是以后，用事者争言水利，朔方、西河、河西、酒泉皆引河及川谷以溉田。"河西走廊作为汉廷新开之地，为满足大量戍边士卒和徙边百姓日常生活的需要，大规模的屯田与水利建设相辅而成，同时也为汉代河西地区的开发提供保障。

一、汉代河西地区的穿渠与治渠活动

汉代在河西地区的农田水利开发取得了一定成效。《汉书·地理志》记载，张掖郡觻得县开有"千金渠，西至乐涫入泽中"；敦煌郡冥安县境内又有南籍端水（今疏勒河）"出南羌中，西北入其泽，溉民田"；敦煌郡龙勒县又有氐置水（今党河）"出南羌中，东北入泽，溉民田。"此外，从出土汉简的记载来看，汉代河西地区已经有一定规模的穿渠和治渠活动。如居延汉简303.15简及513.17简：

·谨案居延始元二年，戍田卒千五百人，为驿马田官穿泾渠。乃正月己酉，淮阳郡。

此简出土于居延肩水都尉府大湾城（A35），简文记载了汉昭帝始元二年（前85年）正月朝廷从淮阳郡征调1 500名戍田卒为居延驿马屯田地区开凿水渠之事。从简文记载可见，参与此次穿渠人数规模较大。再如居延新简中还有"治渠卒"的记载：

☐☐三千四百八十五人敦煌郡☐☐
☐☐发治渠卒郡国收欲取郡☐

这枚汉简出土于居延甲渠候官遗址，该简上下残缺，根据简文中"发治渠卒"的记载可知当时设有专门修治水渠的人员。此外悬泉汉简还有对汉代敦煌地区穿渠活动的记载：

民自穿渠，第二左渠、第二右内渠水门广六尺，袤十二里，上广五。

此简出土于敦煌悬泉置遗址，简文明确记载了百姓自发穿渠的行为。其中"第二左渠、第二右内渠"是水渠的编号名称；"水门"则是建于水渠上用于灌溉的重要工程，具有调节水量的作用。从沟渠和水门尺寸的记载换算后可知，此渠水门约合1.4米，水渠长约5千米，颇具规模。此外，从这些记载来看，当时渠道开浚既有官方组织的，又有民间自发行为。同时，诸如"第二左渠、第二右内渠"这些渠道的命名显然也是按一定顺序排列的。

图 5-2　敦煌莫高窟第 23 窟《雨中耕作与起塔供养》

二、汉代河西地区水官设置与水利管理

河西地区水资源较为紧缺，因此对于水资源的分配和管理就显得尤为重要。《汉书·百官公卿表》记载武帝时大司农的属官中就有"都水官"，《后汉书·百官志》中还有"都水属官"等，这些官吏的设置都是中央王朝为了掌握地方郡国水资源而设置的，从而形成了一套自上而下较为完备的水利管理系统。敦煌和居延出土汉简也留下了不少关于汉代河西地区水官设置和水利管理的记载：

1. 都水官、都水守

☐六十今年正月中相顷都水官☐

永始二年六月甲申朔壬辰敦煌都水守☐/奴婢名籍一编敢言之。

此两枚简均出自敦煌悬泉置，简文中有"都水官"和"都水守"的记载。据《通典·职官九》记载："秦汉又有都水长、丞，主陂池灌溉，保守河渠，自太常、少府及三辅等，皆有其官。汉武帝以都水官多，乃置左、右使者以领之。至汉哀帝，省使者官。"都水官和都水守即负责一郡水利灌溉的官员，都水下设有水长等。

2. 西都水、东都水

甘露二年七月戊子朔乙卯敦煌大守千秋、长史奉憙、丞破胡谓效谷／广至西都水官：前省卒助置荽，今省罢，各如牒书到，自省卒徒荽，如律令。

出东书八封，板檄四，杨檄三，四封大守章：一封诣左冯翊，一封诣右扶风，一封诣河东大守府，一封诣酒泉府。一封敦煌长印，诣鱼泽候。二封水长印，诣东部水。一封杨建私印，诣冥安。板檄四，大守章：一檄诣宜禾都尉，一檄诣益广候，一檄诣广校候，一檄诣屋兰候。一板檄敦煌长印，诣都史张卿。一杨檄郭尊印，诣广至。杨檄龙勒长印，诣都史张卿。九月丁亥日下晡时，临泉禁付石靡卒辟非。

此两枚简均出自敦煌悬泉置遗址，分别记载了"西都水"和"东部（都）水"。由于疏勒河在敦煌境内自东向西流过，因此这里的"西都水"和"东部水"亦即掌管敦煌郡西部和东部地区水利事务的主管吏员。

3. 平水使

出东书四封，敦煌太守章：一诣劝农掾、一诣劝农史、一诣广至、一诣冥安、一诣渊泉。合檄一，鲍彭印，诣东道平水史杜卿。府记四，鲍彭印，一诣广至、一诣渊泉、一诣冥安、一诣宜禾都尉。元始五年四月丁未日失中时，县泉置佐忠受广至厩佐车成辅。即时遣车成辅持东。

此简出土于敦煌悬泉置，为邮书传递登记簿，值得注意的是简文中记载了"东道平水史"这一职官。所谓"平水"，意为"平治水利"，平均分配灌溉用水。因此"平水史"应是敦煌郡负责平均分配灌溉用水的官员，"东道平水史"应是具体负责敦煌境内东道的平均配水事务的官吏。

4. 监渠佐史

监渠佐史十人，十月行一人。

此简出自居延大湾，简文中记载的"监渠佐史"应是专门监督水渠修治事务的吏员。由于"监渠佐史"并不见于正史记载，李并成先生提出这一职官可能是为干旱绿洲地区特设的官员，主要负责监督河流渠道水利灌溉的顺畅运行。

综上所述，无论从传世典籍还是出土汉简的记载来看，汉代河西地区的水利建设都具有一定规模，同时水利建设组织的完备也保证了河西走廊屯田戍边及百姓耕田垦殖的有序进行。

第二节　汉代河西水利建设与西域经略

文物简介

木简一枚（简号Ⅱ90DXT0115④：34），1990年出土于悬泉置遗址。该简完整，长23厘米，宽1.9厘米，厚0.2厘米，胡杨材质。双行书写。此简为传信简，讲述了汉宣帝甘露四年（前50年）由中央御史大夫下发给敦煌郡的诏书，要求在敦煌郡塞外穿治漕渠，通渠转谷之事。此简反映了汉代敦煌郡漕渠的建设和对西域地区的经略。该简现藏甘肃简牍博物馆。

简牍释文

甘露四年六月辛丑，郎中马仓使护敦煌郡塞外漕作仓穿渠，为驾一乘传，载从者一人，有请诏。外卅一。御史大夫万年下谓，以次为驾，当舍传舍，从者如律令。七月癸亥食时西。

简文大意

传信是秦汉时期朝廷公务人员在出使、巡行及办理有关公务时要求所到各地给予通行、过关、乘车、食宿等各种方便和特权的公文凭信。此简记载了汉宣帝甘露四年（前50年）中央御史大夫下发给敦煌郡的诏书，要求在敦煌郡塞外穿治漕渠之事。

图 5-3　悬泉汉简
Ⅱ 90DXT0115 ④：34

作为传信简，简文中明确规定了沿途提供传车的规格"为驾一乘传"，即此传信所用规格为四马下足的车，其速度要比一般的轺车快。而从这封传信的签发日期"甘露四年六月二十五日"，到持传人经过敦煌悬泉停留时的日期"七月十八日"之间仅用了23天，这也说明这封传信传递的时间之短和传信内容的紧急程度。

此外，"外卅一"是该传信的编号，也就是第三十一号；御史大夫万年是该信件的签发人，同时传信要求自渭城后依次传递，并为持传人和随从人员提供相应的传舍条件。

结合历史背景，汉宣帝甘露元年（前53年）乌孙内部发生内乱，汉廷在得知乌就屠自立为昆弥后，即刻派辛武贤为破羌将军，欲从敦煌出发平息乌孙内乱。《汉书·西域传》载"汉遣破羌将军辛武贤将兵万五千人至敦煌，遣使者案行表，穿卑鞮侯井以西，欲通渠转谷，积居庐仓以讨之。"此简所记载的内容正与之相关联，即汉使在解除乌孙危机后，到了甘露四年（前50年）时，汉廷仍在敦煌郡塞外穿治漕渠，转运粮草，以此来经营西域。

阅 牍 延 伸

汉代敦煌郡水利建设与西域经略

汉代在河西地区的水利建设，除了用于农业开发外，还有一个重要特点，就是与西域地区有重要联系。特别是敦煌"郡当西域空道"，作为中原王朝与西域各国之间联系交往的必经之地，是重要的交通枢纽。自汉武帝列置河西四郡后，便一直将敦煌作为通往"西北国"的重要门户。到了汉宣帝时期，由于乌孙内乱而引发汉匈危机，中央王朝派遣军队，屯积敦煌。史载"汉遣破羌将军辛武贤将兵万五千人至敦煌，遣使者案行表，穿卑鞮侯井以西，欲通渠转谷，积居庐仓以讨之。"即派遣使者作考察标记，在敦煌塞外引河水而进行的水利工程。从出土悬泉汉简的记载中，我们也可以管窥一二：

甘露二年四月庚申朔丁丑，乐官令充敢言之：诏书以骑马助传马，送破羌将军、穿渠校尉、使者冯夫人。军吏远者至敦煌郡，军吏晨夜行，吏御逐马前后不相及，马罢亟，或道弃，逐索未得，谨遣骑士张世等以物定逐名如牒。唯府告部、县官、旁郡，有得此马者，以与世等。敢言之。

此牍为汉宣帝甘露二年（前52年）四月十八日酒泉郡乐涫县令发出的一份通告，内容是破羌将军、穿渠校尉、冯夫人一行人在经过酒泉郡时，乐涫县派出人马送迎，由于日夜兼程，人困马乏以致人群走散，有些马匹累死在路上，有些则迷失不知所踪。因此，乐涫县令发出通告，希望各地都能予以配合，寻找走失的马匹。此简中所提到的破羌将军即辛武贤，冯夫人也就是冯嫽，穿渠校尉即主管"穿凿水渠"，负责水利的官吏。结合《汉书·西域传》的记载，甘露元年（前53年）乌孙内乱后为防止乌就屠的反叛，汉廷采取了"通渠转谷"的政治措施，利用漕渠在居卢訾仓屯积粮草，以备不时之需。

再如甘露二年（前52年）的一封传信简，同样涉及"治渠军候"这一官职：

甘露二年十一月丙戌，富平侯臣延寿、光禄勋臣显，承制诏侍御史曰：穿治渠军猥侯丞□、

图 5-4 悬泉汉简
V 92DXT1311 ④：82

万年、漆光、王充诣校尉作所，为驾二封轺传，载从者各一人，轺传二乘。传八百卌四。御史大夫定国下扶风厩承书，以次为驾，当舍传舍，如律令。

此简出土于敦煌悬泉置遗址，马智全认为此简当为西去西域使者在经过悬泉置时抄录的副本，简文中的"校属"是西域校尉的属所；"治渠军猥候"则指的是专门负责治渠事务的众候。由于此简与上简中"穿渠校尉"到达敦煌的时间相距仅有半年，二者很有可能是紧密联系的。

图 5-5　土垠遗址远景

在明确汉宣帝时期敦煌郡塞外的确存在这样一条漕运的水利工程后，那么这条漕渠的具体名称又是什么呢？张俊民通过对敦煌地区出土简牍资料的整理和研究（简文如下），认为简文中多次提及的"穿海渠""敦煌塞外穿海廉""敦煌塞外穿临渠漕"等记载，正与史籍中辛武贤在敦煌郡塞外穿渠活动相印证。

・右吏士漕病死海濂☐

甘露四年十月乙亥朔☐

穿海渠当舍传舍☐

☐刑士诣敦煌塞外穿海廉☐

初元年八月戊子……

御史少史任增诏迎护敦煌塞外穿临渠漕……

根据《汉书·西域传》的记载，"海廉渠"东起于卑鞮侯井，向西到达居卢訾仓，其目的是"通渠转谷"。一般认为汉代居卢訾仓故址位于新疆若羌县罗布泊北岸的土垠遗址，1930年由考古学家黄文弼发现，并经过两次发掘后共获得西汉木简71支，这些出土简文记载了汉代西域都护属官、仓储、传驿、使节吏员的往来情形。此外，土垠地处要冲，是西域境内主要交通干线的分途点和交通枢纽；这里还地处淡水与咸水的分界处，是长途跋涉往来的行人较为理想的休整之地。因此，辛武贤选择以居卢訾仓作为"海廉渠"的终点，同样是出于军事战略的角度考量。

图 5-6　"居卢訾仓以邮行"木简

海廉渠作为一个由中央政府主持的水利工程，它起于汉廷用兵乌孙之际，但并没有因为战事的终结而停止，而是到汉元帝初元元年（前48年）时仍有使用记载。尽管海廉渠经历了数千年滚滚黄沙的掩埋已经废弃，但在简牍为数不多的笔墨下却可一观这段沧桑的历史岁月和大汉王朝往日的辉煌。

第三节　汉代河西水利建设与社会生活

文物简介

木简一枚（简号Ⅱ90DXT0112③：103），1990年出土于敦煌悬泉置遗址。该简完整，长15.8厘米，宽0.8厘米，厚0.3厘米，红柳材质。单行书写。此简左侧有刻齿并标注"符"字，推测可能为出入符的一种，用以表明主人身份。简文正面记载了千乘里谭贤占有的田亩数为一顷七十八亩（约合118 666.667平方米），及其附近的水渠名称为官渠，此简从侧面反应出了汉代敦煌郡水利工程的完备及与百姓社会生活的密切联系。该简现藏甘肃简牍博物馆。

简牍释文

千乘里谭贤，田一顷七十八亩。
县泉　官渠
符（左侧刻齿内）

图 5-7　悬泉汉简

简文大意

此简记载了千乘里谭贤占有的田亩数及其附近的水渠名称，以此来作为出入关的身份证明。张俊民认为此类简长度较一般简牍的23厘米稍短，约相当于汉代六、七寸，与当时所谓的"六寸符"相当；其宽度与一般所谓的"札"接近，可能具有"符"的功能。袁雅洁在此基础上提出此类符可称之为"田关外以符出者"简，可能属于"出入关符"的一种，其与吏及家属出入符之间有密切的联系。

《说文》："符，信也。汉制以竹长六寸，分而相合。"又《玉篇·竹部》："符，符节也，分欲两边，各持其一，合之为信。"根据对传世文献和出土简牍的整理与研究，符的种类有很多，常见的有虎符、出入符、诣官符、日迹符、警候符、竹使符等。李均明认为"简牍所见符，通常为具有某种权利或执行某项任务的信用凭证"。根据对出土悬泉汉简的整理研究，一般此类简侧面都写有"符"字，且留有刻齿的痕迹，说明曾被一分为二，需要合二为一方可验证，因此具有合符勘验的功能。而作为出入符的一种，其内容至少包括出入关者的籍贯、姓名和田亩数等信息。

阅牍延伸

汉代河西水利建设与社会生活

水利是农业生产的命脉，自汉武帝在河西地区大规模屯田垦殖，河西地区水利设施也不断增加完善。凡屯田所在之处，必有水渠作为配套设施出现，水利的兴起和使用为推动农业发展起到了重要作用。从出土简牍中，我们可以清楚地看到汉代河西地区水利建设与百姓日常生产生活之间的密切联系。

如肩水金关汉简中保留下来了距今两千多年前汉代居延地区农田灌

溉的登记簿：

· 居延延水本始四年泾渠延袤溉田簿☐

此简出土于肩水金关遗址，从简文内容看应当是汉宣帝本始四年（前70年）居延地区泾渠灌溉的长度及灌溉农田数字的统计登记簿。这条简文不仅说明了汉宣帝时居延地区已经修建了一定规模的水利工程用于农田灌溉，还表明农业用水在河西地区作为稀缺资源，往往由政府统筹管理，用以维持灌溉秩序、处理用水矛盾等。

同样，在悬泉汉简中也有记载水渠灌溉田亩的簿书。

高渠田八顷五十一亩
官渠田五十八顷卅二☐

这两枚简出自敦煌悬泉置遗址，简文分别记录了敦煌郡"高渠"和"官渠"灌溉的土地亩数，也体现了汉代敦煌地区水利广泛应用于百姓日常农业生产之中。

此外，在悬泉汉简中还有一些关于水渠命名与排序的记载：

民自穿渠，第二左渠、第二右内渠水门广六尺，袤十二里，上广五。
续穿第一渠。东端袤二里百步，上广丈三尺二寸至三寸，丈二尺八寸，深二尺七寸至八尺。

以上两枚简均出土于敦煌悬泉置遗址，简文中水渠的名称有"第二左渠""第二右内渠""第一渠"等，这些水渠名称命名显然是按一定顺序排列的。高荣先生根据居延汉简中"第五渠"（EPT52：363）的记载，推测认为以"第一""第二""第五"命名的渠道为主干渠，而以

"左""右""内""外"命名的渠道为主渠道之支渠。郑炳林先生根据悬泉汉简和敦煌文书的记载,提出敦煌郡开凿的很多水渠,基本都见载于敦煌文献中,这些水渠的开凿使用又都可以追溯至西汉时期。如敦煌文书P.3560《敦煌行水则》中记载有"小第一渠",P.3877号记载"城东二十里第一渠",P.3396载有"大第一渠""第一渠"等。

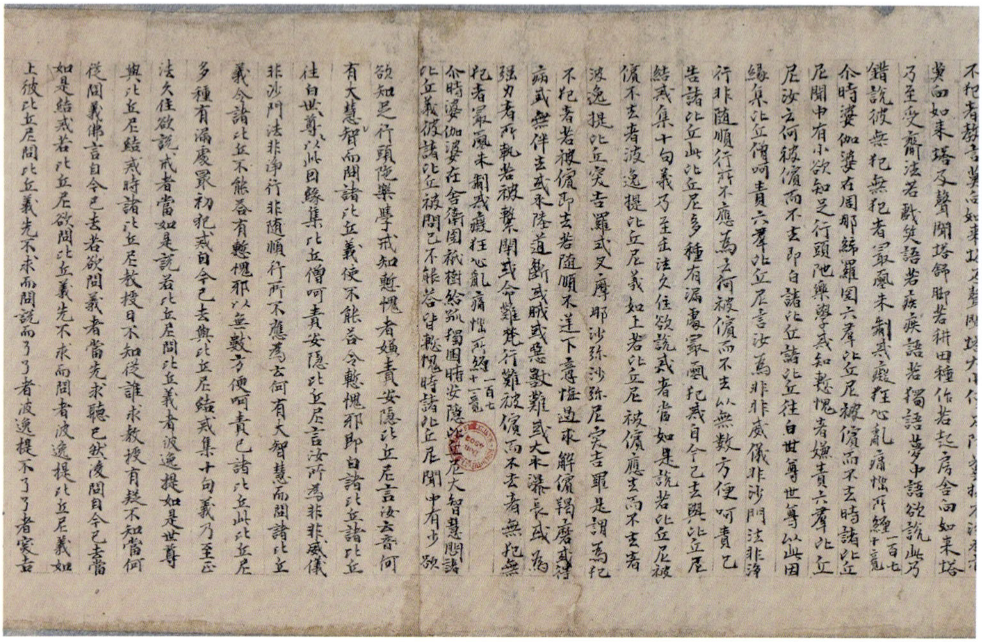

图5-8 敦煌文书P.3560《敦煌行水则》

此外,河西地区水渠的日常维护和治理也是官府和戍卒的一项重要考课内容。在肩水金关汉简中就有官方组织的治渠活动:

积百廿人治渠,往来百廿里,率人治一里

简文大意是说政府召集了一百二十人来治理长一百二十里(约合60

千米）的渠道，平均每人治理水渠一里（约合500米）。"治渠"就是对水渠的维护治理工作，通常为清理河道淤塞，保证渠道的正常灌溉和使用。而从出土汉简的记载中可知，一般河渠的治理在春秋两季，具有一定的季节性特征。如下简所载：

永平七年正月甲申朔十八日辛丑
☑春秋治渠各一通出块粪三百枲☑
麦十石文华出块粪少一□以上
亩以上折胡麦十石文华田六亩　　　（一）
☑平人功为一石若文华□□□□
沽酒旁二斗　　　　　　　　　　（二）

此简为斯坦因第三次中亚考察时在敦煌所获，简文大致是说东汉明帝永平七年（64年）正月十八日，当时有春秋治渠各一通的活动，要求清理出块粪三百七十余枚，而简文中名字叫作"文华"的人，清理出的块粪并未达到规定要求，因此要以胡麦作为折算，此简清晰揭示了汉代敦煌郡治渠"春秋治渠各一通"的季节性特征。无独有偶，在敦煌悬泉置出土的《四时月令诏条》墙壁题记中，同样有春秋两季节治理河渠的要求。

图 5-9　《四时月令诏条》墙壁题记

季春月令云：

·修利堤防。·谓[修筑]堤防，利其水道也，从正月尽夏。

·道达沟渎。·谓□浚雍塞，开通水道也，从正月尽夏。

孟秋月令云：

·[完堤]防，谨雍[塞]……·谓完坚堤□……

[备秋水□……]

根据《月令》的记载，通常要求季春"修利堤防、道达沟渎"，即由于季春时节（农历三月）北方开始雨水增多，为了不使河道壅塞，因此需要在雨季来临之前疏通河道，保证河道的畅通无阻；到了孟秋时节（农历七月）由于秋雨连绵，仍需要修缮完备堤防，防止洪涝灾害。

最后，河西地处西北边郡，经常要遭受来自匈奴的威胁，而水利设施作为汉地日常农业生产的重要设施同样面临危险。在肩水金关汉简中就有"昏时出关，护渠"（73EJT1：144）的记载，说明官方常常会派遣人员对渠道进行保护，以此来保障渠道的正常使用，防止水渠遭到破坏，维持边地农业正常生产。

第六章 天水放马滩木板地图

图 6-1 天水放马滩秦木板地图（出土编号 86TDFM1：9）

图 6-2　天水放马滩秦木板地图（出土编号 86TBDFM1：12B）

文物简介

  天水放马滩木板地图，1986 年 6 月出土于天水市北道区（今麦积区）党川乡放马滩 1 号秦墓。共出土 4 块松木材质木板，绘制地图 7 幅。

  第一块木板因压裂分为 3 块，经缀合复原后重新显现（出土编号 M1：7、8、11），长 26.7 厘米，宽 18 厘米，厚 1 厘米。正面绘山脉、河流等若干线条，标注地名 10 处：邽丘、略、中田、广堂、南田、邸、漕、杨里、贞里；背面亦绘山川河流，标注地名 8 处：广堂、中田、光成、山格、明溪、故西山、故东谷、关。

  第二块木板（出土号 M1：9）长 26.6 厘米，宽 15 厘米，厚 1 厘米，单面绘制，有山川地形和关隘道路，标注地名 10 处：上临、苦谷、燔史谷、燔史关、大松、大镈、松利、大松利、杨谷、柏谷等，还有大小关口 5 处和林木资源、各地道里。

第三块木板（出土号为 M1：12）长 26.5 厘米，宽 18 厘米，厚 1 厘米。正面除绘山川道路外，标注地名 12 处：北谷、苦谷、九员、炎谷、上辟磨、下辟磨、虎谷、上临、下临、上杨谷、下杨谷、兴豯。背面所绘未完成。

第四块木板（出土号 M1：21）长 26.8 厘米，宽 16.9 厘米，厚 1 厘米。正面除绘有山川地形外，标注地名 18 处：东庐、韭圆、兴豯、下杨、上杨、下临、上临、虎豯、郁豯、井豯、西庐、下获思、上获思、下辟磨、上辟磨、九员、苦谷、仓豯；背面亦绘山川地貌，并标注地名 9 处：苦史、夹比、孟豯、广堂史、夹比端溪、大祭枞、大祭相铺溪、中邦、小邦。

这些地图大体反映了战国晚期秦代邽县（今天水）一带的地形地貌和水系分布情况，而根据随葬出土《墓主记》竹简和随葬品的特征，将这七幅地图绘制年代定为秦王政八年（前 239 年）。放马滩木板地图作为考古发掘最早的地图实物，为研究地图绘制史、历史时期该地区的地貌特征等提供了重要资料，现藏甘肃简牍博物馆。

阅 读 延 伸

天水放马滩木板地图反映的问题

1986 年，在甘肃省天水市放马滩一号秦墓出土了 7 幅绘制在松木板上的地图，是我国目前已发掘出土的最早的地图实物，在古地图的研究中具有极为重要的意义。放马滩图的研究，自 1989 年何双全先生发表《天水放马滩秦墓出土地图初探》一文开始，引起了国内外相关学者的深入研究和激烈讨论。

何双全先生作为放马滩木板地图的发掘者和最早对地图研究的学者，他对地图中出现的文字释读、地图拼缀及分类与性质、历史地名的考证等多有开创，为后来的研究者提供了一些研究思路。随后，曹婉如先生作为古地图研究大家，不仅将放马滩图收录在《中国古代地图集（战国—元）》一书中，还对地图的拼缀和制图技术着重研究。张修桂先生先后发表了一系列文章研究，讨论了放马滩地图的构成与版式方向、绘制年代、作者生平以及地域范围等问题。此外，日本学者藤田胜久对地图中河流范围和地图方位的确定都有一定推进；雍际春在张修桂先生研究的基础上，将6幅地图分为2个图组，将其中1、2号图划为第一图组，认为其反映了天水以上至散渡入渭处的一段流域水系；将3、4、6、7号图划为第二图组，认为其主要表现了今嘉陵江上游西汉水上源的水系地域；其中，3号图分水岭水系与7号图反映了渭河支流耤河水系。两图组由3号图接合为今天水地区的完全水系地域图。屈卡乐则对于亭形物的研究颇有创见，他根据对1号图地域范围的复原，认为1号图中的亭形物很可能与《水经·渭水注》中提及的皇帝崇拜有关。此后，晏昌贵又根据最新红外扫描，对文字识别和释读更进一步挖掘，尤其是对地图方位的确定有了较为肯定的答案。

总之，尽管学界对于放马滩图的研究已有四十余年，但仍未就这7幅地图的拼缀、河流流域复原、政区地望等问题达成一致。本文将就放马滩木板图中存在的几个争议性问题，讨论如下。

一、放马滩木板地图的方位

关于放马滩图的方位，此前学界一直以2号图（）中"上"字标注作为依据，认为其版式为"竖列北南朝向"，与今天地图绘制方位一致。然而，武汉大学简帛研究中心利用红外照相技术对放马滩木板地图重新拍摄，并进行解读，结果发现了一些以前利用常规照相技术没有发现的文字字迹，如"北方"二字：

在图二中，"北"字的两竖画清晰可见，绝非渍痕。右边一竖画中间尚残留一横画，左边竖画旁则残存两点。这个字的写法与放甲五五壹"北"字的写法相同，而与通行"北"字下部左右两边作折画略异。这大概是为了照顾松木板的纹理，将两竖画写得特别直，而将下部折画省略了。"方"字上部的点画不可见。其下部的写法与睡乙九九壹"方"字写法类同。

通行释文将此字释作"上",其实秦简牍"上"字上边一横平行或略下抑,而将此字倒转过来看,那一笔划却作上扬的斜画,所以不是"上"字。

由此可以确定木板地图的方位是上南下北,与此前考古发现的中山国"兆域图"和长沙马王堆汉代帛地图的方位一致,这与前辈学者预设的"上北下南"方位正好相反。这是从技术的角度,解决了前辈学者对于放马滩图方位问题中存在的争议。

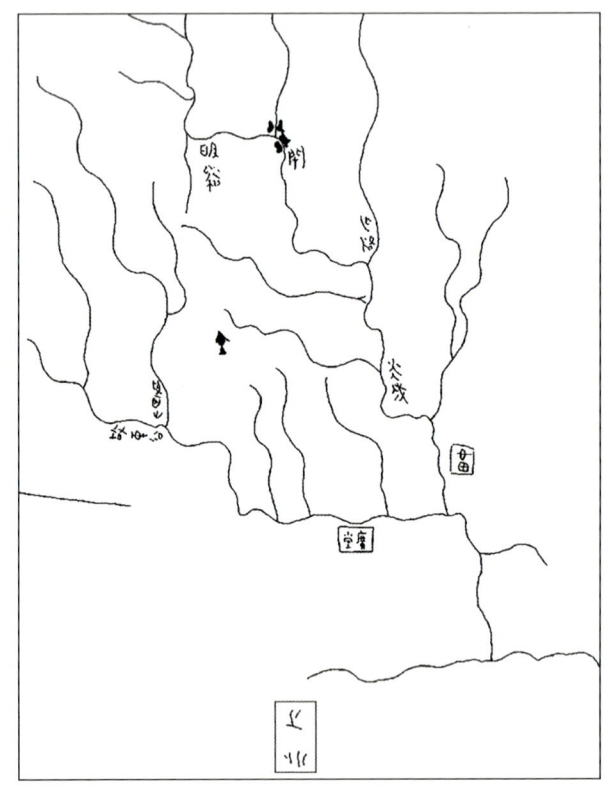

图6-3 地图底部"北方"二字

图三、图四、图六的注记文字皆沿河流方向书写,没有一定的规则。如图四中有表示地理方位的"北谷口"、图六中有"东卢"和"西卢",但由于这些文字都是沿着水流方向书写的,不容易判断地图方位,或者说地图不存在严格的地理方位,读图人可以随意摆放木板,取其所需,

读到某条水系（或山谷）时，图上文字的视方向就是地图的方位。这就像中国古代的绘画等视觉艺术形式，并不存在某一个固定的透视焦点，而是有多个视角焦点，移步换景，物随人走。若从这个角度来看，尚不能解决地图的方位问题。

联系图三中与上临、苦谷注记河流相对的那条河流，应该就是见于图二作上方河流的细部图，所以图三的版式也是上南下北；而图四、图五中的"上临""苦谷"亦见于图三，按图三的地图方位，图四、图六也可以理解为上南下北。同样，按照上南下北的方位模式，图六中的"西卢"在右、"东卢"在左，与上文中"右田"在西是一致的。因此，整体上来看七幅地图都是上南下北竖列版式，与长沙马王堆驻军图和中山国"兆域图"方位一致。

图 6-4 长沙国南部驻军图

二、放马滩图绘制地域范围

放马滩图，作为迄今为止出土最早的地图之一，其绘制的地域范围相当广泛。长期以来，有关其具体绘制范围的说法颇多，聚讼纷纭，归纳而言主要有以下四种主流观点：

1. 天水市渭河流域说

何先生通过对地图的组合、编缀以及对相关地名注记的考证后，将6幅成品图拼接为《战国秦邦县地理全图》，反映的是战国时期秦邦县的地理概貌：1、2、7号图可拼接在一起，所绘为以邦丘为主体的西半部区域；3、4、6号图可拼接在一起，所绘为邦邱行政区域的东半部。地域范围大体为：南至秦岭，北至今秦安、清水县境，西至今天水市秦城区天水乡一带，东至今陕西宝鸡市以西。

2. 嘉陵江上游地域说

曹婉如先生以1号图为总图，其余5幅成品地图为分图（或称局部图），又将这6幅成品地图分为1、2、7号图和3、4、6号图两组。其中4、6号图所示为自放马滩附近向南流的花庙河；2、7号图所示为亭形建筑所在的自东向西流的西汉水，上述两河均为今嘉陵江上游的两条支流。3号图绘有流向相反的两个水系：北流入渭的东柯河或永川河，以及南流的花庙河。地域范围包括今天水市渭河以南区域，向南迄于今陇南市北部区域，这一区域的中心约为今天水市的中心即秦汉时的西县和氐道县所辖区域。

3. 渭河、花庙河流域说

张修桂先生在对以上两位学者的方案进行辨析的基础上，认为除5号图为半成品外，其余6幅地图分为两组：1、2号图和3、4、6、7号图。第一图组中，从地名注记与水系形态分析，2号图是1号图左半部分的局部扩大图，所反映的地域范围，包括今天水市伯阳镇西北的整个渭河流域。第二图组中，4号图是6号图的局部扩大图，7

号图是3号图的局部扩大图，该图组所反映的区域为花庙河及东柯河的上游地区。

4. 渭河流域与西汉水上游说

雍际春的复原方案综合了张修桂、藤田胜久的方案。他赞同藤田将3号图作为总图的观点，但是他认为藤田将1、2号图作为3号图中西汉水上游至苦谷一段的认识是错误的。而各图的关系，雍际春指出7号图是3号图右侧的扩大图，与张修桂的意见一致。认为第一组（含第二组的7号图）所绘水系大致为自散渡河以东，东至天水市北道区伯阳镇毛峪河以西的渭河干流以及部分支流。第二组（不含7号图）所绘水系为西汉水的上源水系（止于今西汉水支流峪沟河之西）。

总的来说，学界对放马滩图的地域范围认识仍存在较大的出入，没有达成令人信服的共识。究其原因，一方面，就木板地图的内容来说，地图中所绘的带有框边的10个地名，在传世文献中并不能找到足够可靠的对应，更何况部分地名的字体并不清晰，在释字方面还值得进一步商榷。另一方面，学者普遍认为，由于图幅反映的区域较小，比例尺较大，而渭河、西汉水流域所在的区域，沟谷形态复杂，易发生混淆，不大容易精准框定木板地图所绘的实际地域。

三、关于亭形标记的讨论

何双全先生认为亭形物是秦非子、秦庄公所居之犬丘，位于今秦安县郑川；曹婉如先生判定亭形物为西汉陇西郡西县所在，在今天水市西南耤水河源头的杨家寺附近；张修桂先生根据其复原方案，结合《水经注》中关于渭河支流瓦亭水沿岸有女娲祠的记载，认为亭形物当与女娲信仰有关，约在今秦安与甘谷交界的王铺、大庄一带的塬面上。

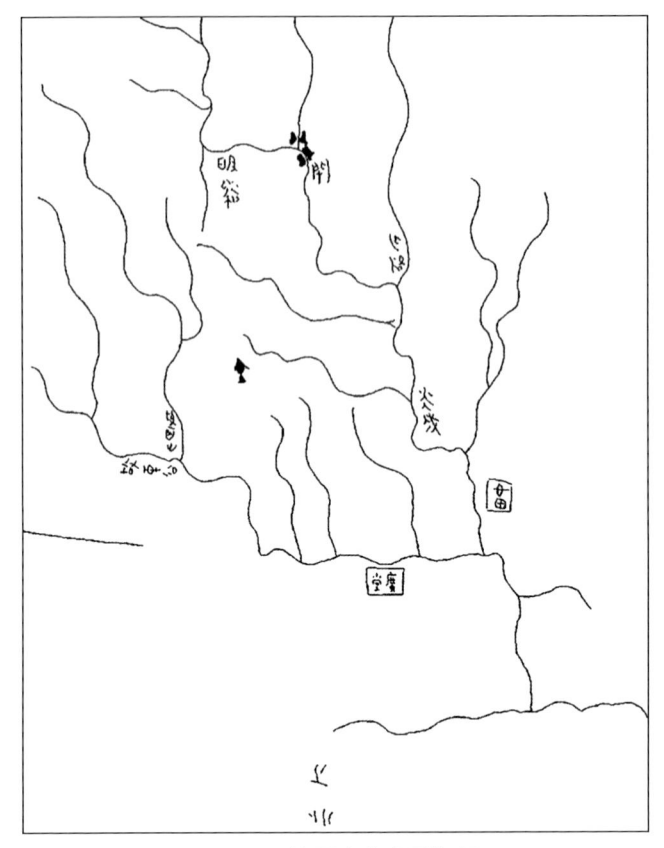

图 6-5 地图中的亭形标记

屈卡乐受到张修桂先生的启发继而提出"黄帝崇拜"这一说法，似乎信而有征，然而利用北魏时期《水经注》的记载以求复原和理解"秦统一以前战国中后期"的放马滩图，从时间跨度上看似乎有些漫长，显得说服力不足；再者，学者研究普遍认为放马滩图作为墓主丹生前所绘的军事图，其功能和作用更多的是用来行军打仗，黄帝信仰崇拜这一说法显得经不起推敲。与之类似的标记还有地图中椭圆形标记的解释，何双全先生以为放马滩图中用圆点、三角、半月形图案表示关卡隘口，从军事地图的角度来看，这些标注均分布在河流两侧或关津之处，因而是有一定道理的。

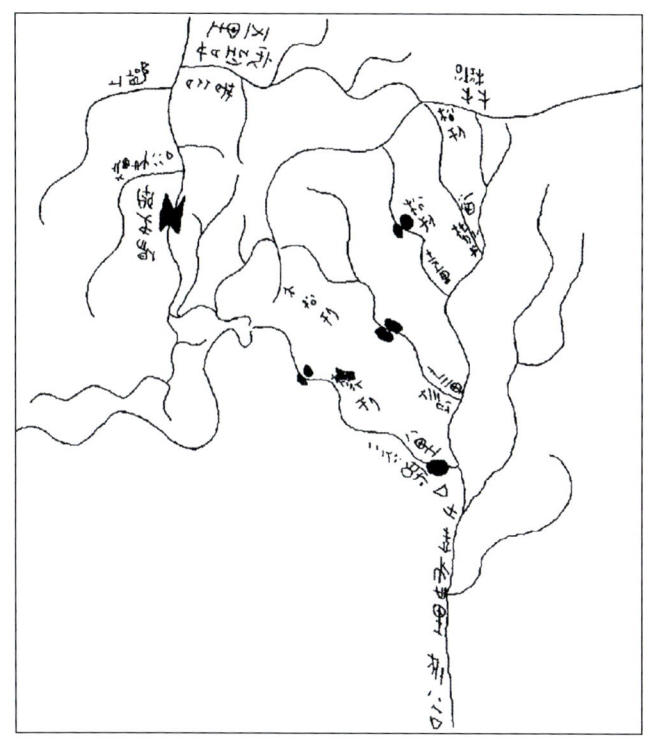

图 6-6　地图中的椭圆形标记

四、一些讨论和认识

首先，关于放马滩木板地图的拼缀问题，前辈学者已经提出了众多方案。其中，值得注意的是成一农对于地图拼缀这一思路的否定，他认为"这些研究都忽略了一个最为基本的问题，即如果这些地图是可以拼合的话，那么为什么要将地图绘制在木板的两面？如果是复制后才进行拼合的话，当时没有纸张，不能像后来那样拓印，那么只能印在绢帛上，但如此一来印出来的字是反的，因此也是不可能，所以这种研究可能在出发点上就有问题"。实际上，前辈学者地图拼缀这一思路是有一定道理，但是过于强调拼缀关系就显得较为生硬。同一模板图正反面之间应当是有联系的，而 5 幅地图之间的联系则不能强加解释。

其次，5幅分图中有3幅有森林分布的注记，如图四注记有"阳有蓟木""北有灌""阳尽柏木"等；图六有两处注记"有蓟木"；图三注记"松刊""大松刊"之处颇多，而且集中在北流水系的右侧，表明该地是松木主要的砍伐区。此外，在森林注记的附近，还注记有道里的数字。如图四注记"去谷口可五里""去□可八里"，而图三注记的道里数更多，有"宛到□廿五里"（宛指深处或腹地）、"扮里"等多处。这些有关森林分布情况的注记，不禁让人想到了《汉书·地理志》中有关各地物产风俗和交通道里的记载。若由此发微，这或许是源于先秦战国时期，如此，《汉书·地理志》的记载可以看作是古人对物产资源重视的一种体现，亦可看作对先秦时期这一传统的延续。

最后，《放马滩秦木板地图》作为目前国内和世界已发掘出土的最早的地图实物，从其所绘的河流水系与现代科学观测结果的高度契合来看，《地图》的绘制精确度已经达到一定水平，因此不能认为是写意性质的地图。同时，地图作者能够使用统一的比例尺和图例标注，将政区建置、道路交通、河流走向、山川地名和关卡隘口进行统一的分类表达，具备了构成一套地图的要素和表示方法，最大程度地让使用者获得了该地区的完整信息，可谓中国古代实用地图的经典之作。

图片来源

第一章　河西四郡

图 1-1　甘肃简牍博物馆提供

图 1-2　《河西走廊》纪录片

图 1-3　甘肃简牍博物馆提供

图 1-4　武威市博物提供

图 1-5　武威长城研究院提供

图 1-6　甘肃简牍博物馆提供

图 1-7　甘肃简牍博物馆提供

图 1-8　吴礽骧《河西汉塞调查与研究》

图 1-9　甘肃简牍博物馆提供

图 1-10　甘肃简牍博物馆提供

图 1-11　甘肃简牍博物馆提供

图 1-12　甘肃简牍博物馆提供

图 1-13　甘肃简牍博物馆提供

图 1-14　甘肃简牍博物馆提供

图 1-15　甘肃简牍博物馆提供

图 1-16　甘肃简牍博物馆提供

图 1-17　甘肃省文物考古研究所编《敦煌汉简》

图 1-18　甘肃简牍博物馆提供

图 1-19　李并成《河西走廊历史地理》

图 1-20　甘肃简牍博物馆提供

图 1-21　李并成《汉敦煌郡境内置、骑置、驿等位置考》

图 1-22　甘肃简牍博物馆提供

第二章　河西关隘

图 2-1　甘肃简牍博物馆提供

图 2-2　甘肃简牍博物馆提供

图 2-3　吴礽骧《河西汉塞调查与研究》

图 2-4　甘肃简牍博物馆提供

图 2-5　甘肃简牍博物馆提供

图 2-6　甘肃简牍博物馆提供

图 2-7　甘肃居延考古队《居延汉代遗址的发掘和新出土的简册文物》

图 2-8　甘肃简牍博物馆提供

图 2-9　中国长城研究院微信公众号：长城肩水金关数字复原

图 2-10　甘肃简牍博物馆提供

图 2-11　甘肃简牍博物馆提供

图 2-12　甘肃简牍博物馆提供

图 2-13　甘肃简牍博物馆提供

图 2-14　甘肃简牍博物馆提供

图 2-15　甘肃简牍博物馆提供

图 2-16　李并成《汉悬索关考》

图 2-17　甘肃简牍博物馆提供

第三章　汉代西北交通网络

图 3-1　甘肃简牍博物馆提供

图 3-2　甘肃简牍博物馆提供

图 3-3　甘肃简牍博物馆提供

图 3-4　敦煌研究院官网

图 3-5　青海人民出版社微信公众：崔永红《丝绸之路青海道史》第二章
　　　　　第一节

图 3-6　甘肃简牍博物馆提供

图 3-7　甘肃简牍博物馆提供

图 3-8　《中国古代地图集》

第四章　汉代河西民族关系与对外交往

图 4-1　甘肃简牍博物馆提供

图 4-2　中国国家博物馆官网

图 4-3　甘肃简牍博物馆提供

图 4-4　甘肃简牍博物馆提供

图 4-5　甘肃简牍博物馆提供

图 4-6　甘肃简牍博物馆提供

第五章　汉代河西水利建设与社会生活

图 5-1　甘肃简牍博物馆提供

图 5-2　敦煌研究院官网

图 5-3　甘肃简牍博物馆提供

图 5-4　甘肃简牍博物馆提供

图 5-5　巴州博物馆"遗址说历史"第二十一期土垠遗址

图 5-6　黄文弼《罗布淖尔考古记》

图 5-7　甘肃简牍博物馆提供

图 5-8　IDP 国际敦煌项目

图 5-9　甘肃简牍博物馆提供

第六章　天水放马滩木板地图

图 6-1　甘肃简牍博物馆提供

图 6-2　甘肃简牍博物馆提供

图 6-3　晏昌贵《秦简牍地理研究》

图 6-4　湖南博物院官网

图 6-5　晏昌贵《秦简牍地理研究》

图 6-6　晏昌贵《秦简牍地理研究》

参考文献

专著类

[1] 陈梦家. 汉简缀述[M]. 北京：中华书局，1980.

[2] 林梅村、李均明. 疏勒河流域出土汉简[M]. 北京：文物出版社，1984.

[3] 甘肃省文物工作队、甘肃省博物馆. 汉简研究文集[M]. 兰州：甘肃人民出版社，1984.

[4] 谢桂华、李均明、朱国炤. 居延汉简释文合校[M]. 北京：文物出版社，1987.

[5] 曹婉如. 中国古代地图集（战国-元）[M]. 北京：文物出版社，1990.

[6] 甘肃省文物考古研究所. 敦煌汉简[M]. 北京：中华书局，1991.

[7] 李并成. 河西走廊历史地理[M]. 兰州：甘肃人民出版社，1995.

[8] 胡平生，张德芳. 敦煌悬泉汉简释粹[M]. 上海：上海古籍出版社，2001.

[9] 向达. 唐代长安与西域文明[M]. 石家庄：河北教育出版社，2001.

[10] 中国文物研究所，甘肃省文物考古研究所. 敦煌悬泉月令诏条[M]. 北京：中华书局，2001.

[11] 吴礽骧. 河西汉塞调查与研究[M]. 北京：文物出版社，2005.

[12] 郝树声、张德芳. 悬泉汉简研究[M]. 兰州：甘肃文化出版社，2009.

[13] （日）冨谷至著. 文书行政的汉帝国[M]. 刘恒武，译，南京：江苏人民出版社，2013.

[14]（瑞典）弗克·贝格曼考察；博·索玛斯特勒姆整理. 内蒙古额济纳河流域考古报告[M]. 黄晓宏等，翻译，北京：学苑出版社，2014.

[15] 初师宾. 陇上学人文存·初师宾卷[M]. 兰州：甘肃人民出版社，2015.

[16] 张德芳. 居延新简集释[M]. 兰州：甘肃文化出版社，2016.

[17] 晏昌贵. 秦简牍地理研究[M]. 武汉：武汉大学出版社，2017.

[18] 郭伟涛. 边塞、交通与文书——肩水金关汉简研究续编[M]. 上海：上海古籍出版社，2023.

期刊类

[1] 劳榦. 两关遗址考[J]. 台湾"中央研究院"历史语言研究所集刊，1943，11.

[2] 何双全. 天水放马滩秦墓出土地图初探[J]. 文物，1989，2.

[3] 曹婉如. 有关天水放马滩秦墓出土地图的几个问题[J]. 文物，1989，12.

[4] 孟凡人. 罗布淖尔土垠遗址试析[J]. 考古学报，1990，2.

[5] 张修桂. 天水《放马滩地图》的绘制年代[J]. 复旦学报（社会科学版），1991，1.

[6] 何双全. 汉代西北驿道与传置——甲渠候官、悬泉汉简《传置道里簿》考述[J]. 中国历史博物馆馆刊，1998，1.

[7] 马怡. 皂囊与汉简所见皂纬书[J]. 文史，2004，4.

[8] 袁延胜. 悬泉汉简所见汉代乌孙的几个年代问题[J]. 西域研究，2005，4.

[9] 张忠炜. 居延新简所见"购赏科别"册书复原及相关问题之研究——以《额济纳汉简》"购赏科条"为切入点[J]. 文史哲，2007，6.

[10] 汪桂海. 汉简所见匈奴对边塞的寇掠[J]. 简帛，第三辑，上海：上海古籍出版社，2008.

[11] 高荣. 汉代河西的水利建设与管理[J]. 敦煌学辑刊，2008，2.

[12] 汪桂海. 从出土资料谈汉代羌族史的两个问题[J]. 西域研究，2010，2.

[13] 张俊民. 悬泉置出土刻齿简牍概说[J]. 简帛，第七辑，上海：上海古籍出版社，2012.

[14] 李炳泉. 西汉河西四郡的始置年代及疆域变迁[J]. 东岳论丛，2013，12.

[15] 张德芳. 两汉时期的敦煌太守及其任职时间[J]. 简牍学研究，第5辑，兰州：甘肃人民出版社，2014.

[16] 张德芳. 古代从长安到敦煌走多长时间[J]. 甘肃日报，2016，6.

[17] 马智全. 居延汉简反映的汉匈边塞战事[N]. 西南民族大学学报（哲学社会科学版），2016，5.

[18] 代国玺. 说"制诏御史"[J]. 史学月刊，2017，7.

[19] 张俊民. 汉代西域漕运之渠"海廉渠"再议[J]. 简牍学研究，第七辑，兰州：甘肃人民出版社，2018.

[20] 李艳玲. 汉代"穬麦"考[J]. 敦煌学辑刊，2018，4.

[21] 杨芳. 汉简所见河西"归义"少数民族及其管理[J]. 简牍学研究，第八辑，兰州：甘肃文化出版社，2019.

[22] 曾磊. 悬泉汉简"传信"简释文校补[J]. 出土文献研究，2019，1.

[23] 李迎春. 论肩水金关出入关符的类型和使用[J]. 简帛研究，2019年（春夏卷），桂林：广西师范大学出版社，2019.

[24] 成一农. 近70年来中国古地图与地图学史研究的主要进展[J]. 中国历史地理论丛，2019，3.

[25] 王蕾. 汉唐时期的玉门关与东迁[J]. 西域研究，2020，2.

[26] 袁雅洁. 《悬泉汉简（壹）》中出入符初探[J]. 敦煌研究，2020，5.

[27] 王蕾. 汉唐时期阳关的盛衰与丝路交通[J]. 西北大学学报（哲学社会科学版），2020，6.

[28] 张德芳. 从出土汉简看汉王朝对丝绸之路的开拓与经营[J]. 中国社会科学，2021，1.

[29] 张俊民. 玉门关早年移徙新证——从小方盘汉简T14N3的释读说起[J]. 石河子大学学报（哲学社会科学版），2021，1.

[30] 袁延胜. 悬泉汉简使节往来中的西域女性[J]. 西域研究，2021，2.

[31] 刘安皓. 西汉"肩水县"设置辨正——兼析《汉书·地理志》因何失载肩水都尉[J]. 出土文献，2022，3.

[32] 蒋洪恩. 各历史时期大麦、穬麦与青稞的名实探讨[J]. 中国科技史杂志，2022，3.

[33] 魏迎春、郑炳林. 西汉时期的玉门关及其性质——基于史籍和出土文献的考论[J]. 宁夏社会科学，2022，3.

[34] 郑炳林、许程诺. 西汉敦煌郡的水利灌溉研究[J]. 敦煌研究，2022，4.

[35] 郑炳林、司豪强. 西汉敦煌郡迎送接待外客研究[J]. 西北民族研究，2022，5.

[36] 郑炳林、司豪强. 敦煌郡在西汉经营西域中的战略定位——以敦煌简牍文献为中心[J]. 史学月刊，2024，4.